Copyright 2020 Neander Books©

Todos los derechos reservados. Ninguna parte de esta obra puede ser reproducida total o parcialmente sin el permiso expreso del autor.

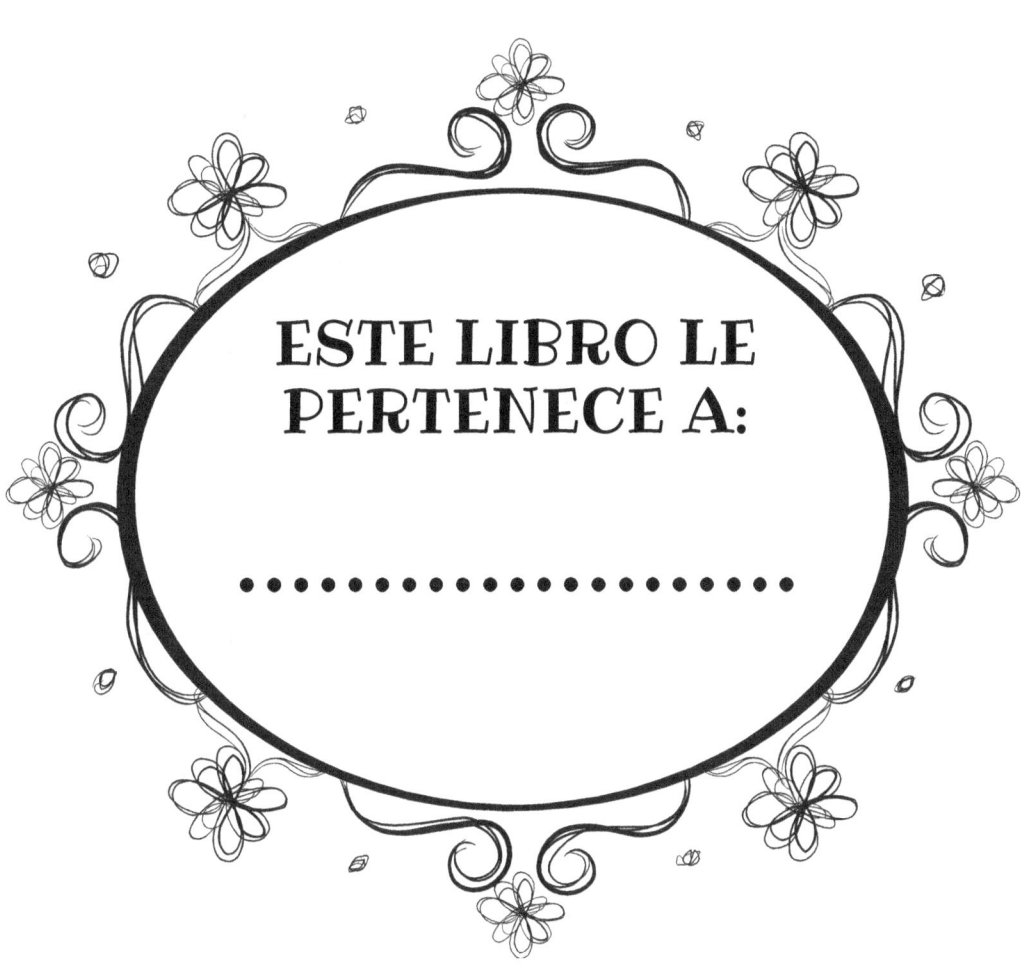

INSTRUCCIONES

 Apaga las distracciones a tu alrededor y relájate.

 Diviértete. No hay manera correcta o equivocada de colorear. Simplemente deja volar tu imaginación y disfruta.

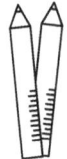 Este libro funciona mejor con lápices de colorear o marcadores. Materiales húmedos suelen traspasar la página. Al usar marcadores, puedes colocar papel entre las páginas si notas que la tinta traspasa.

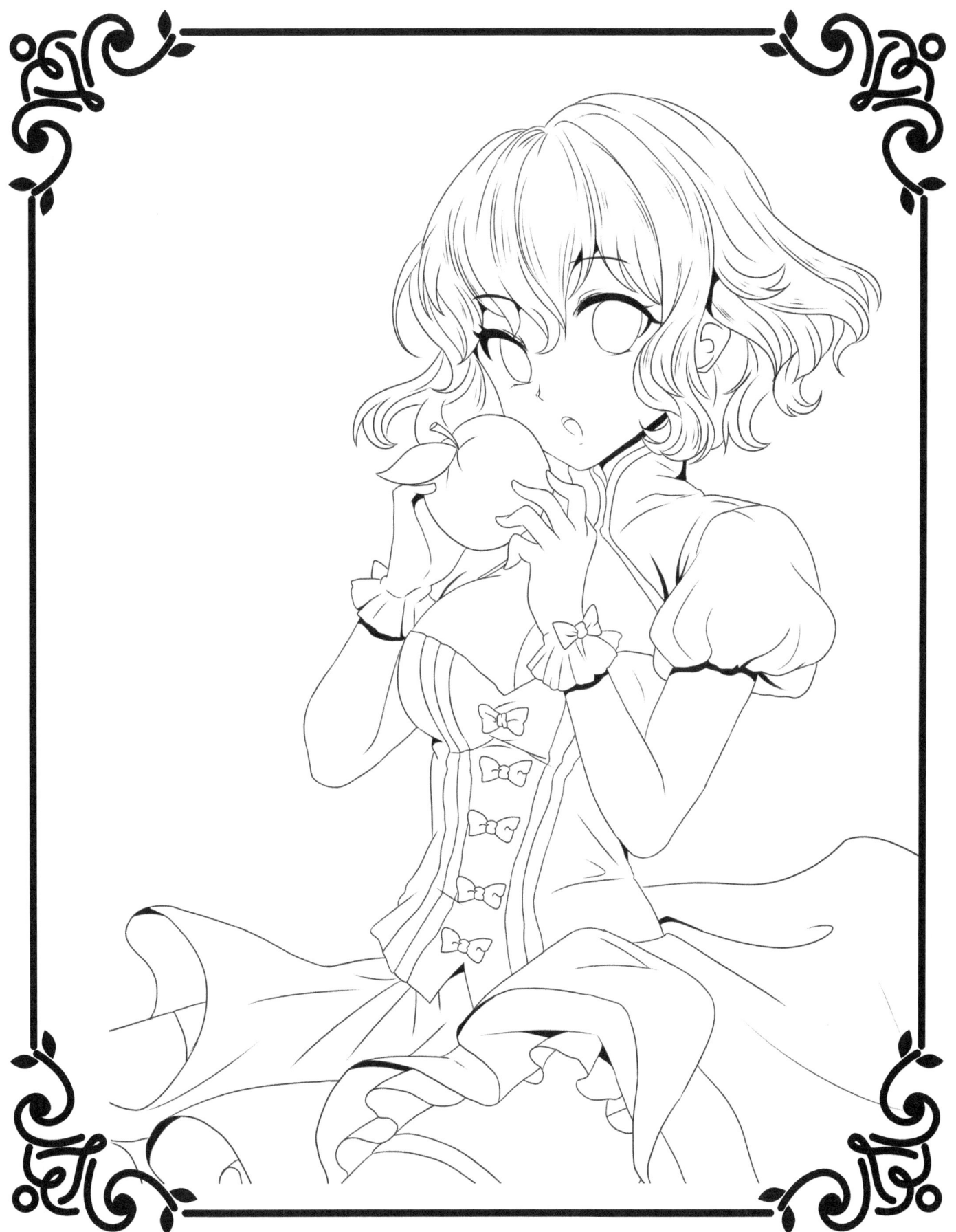

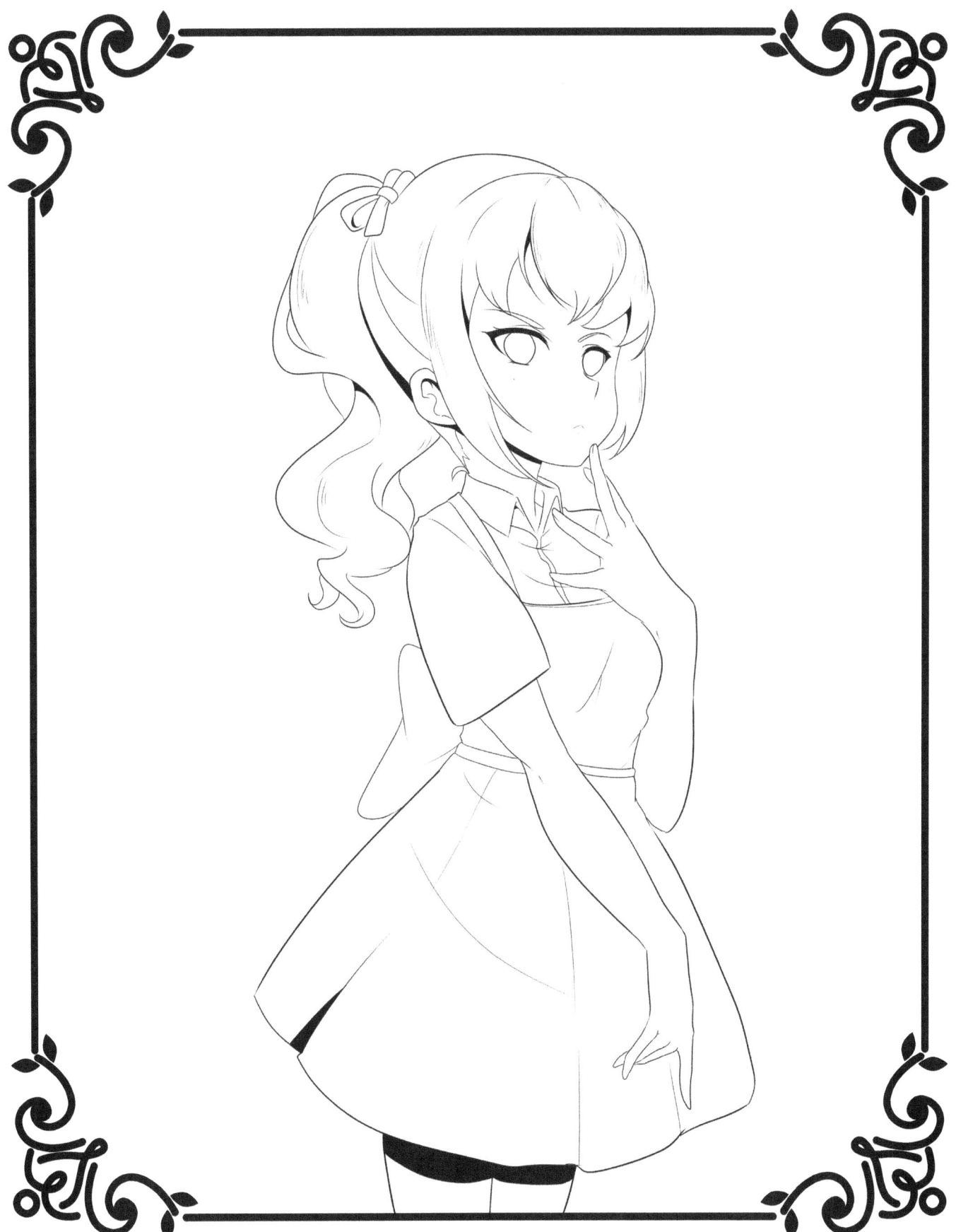

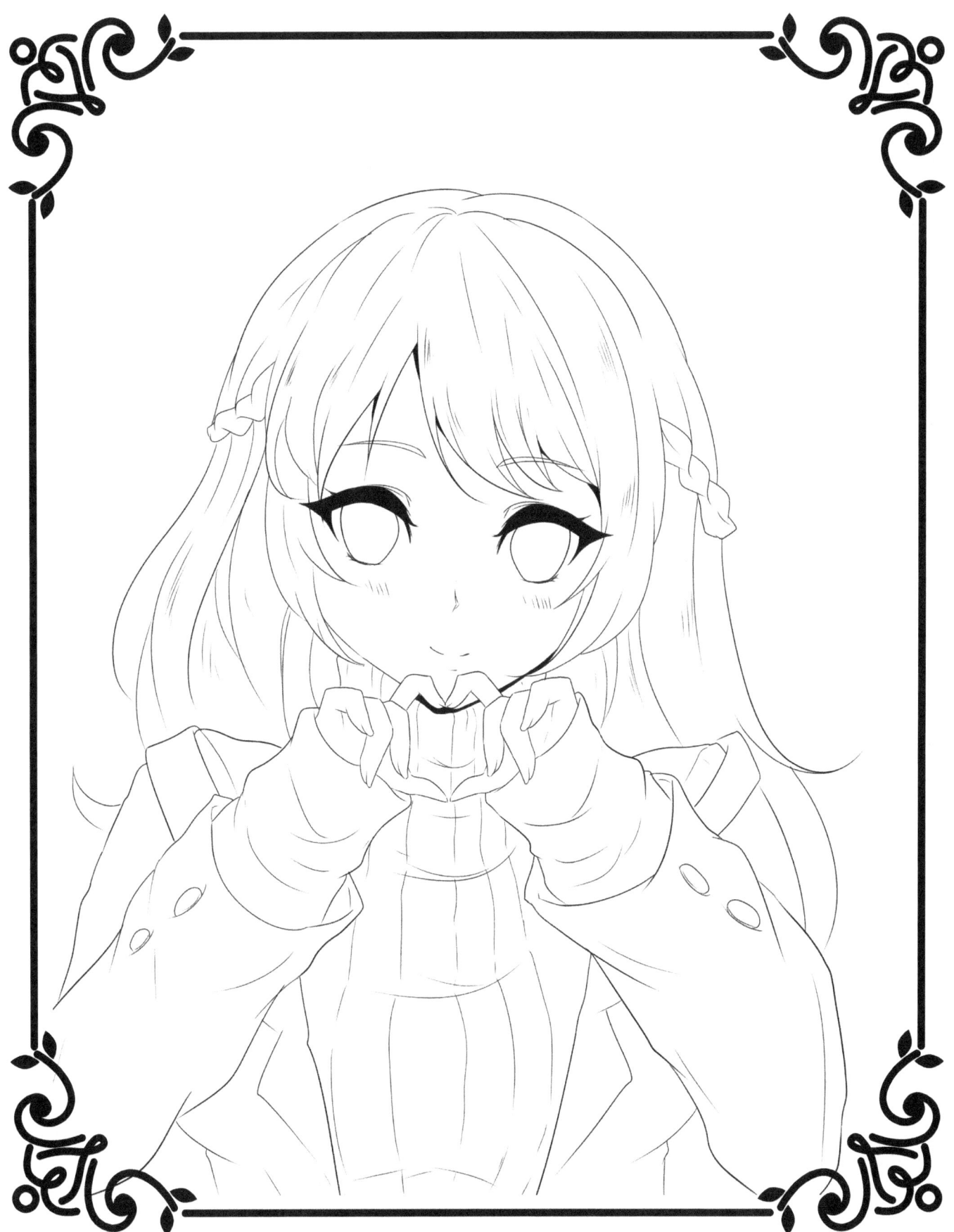

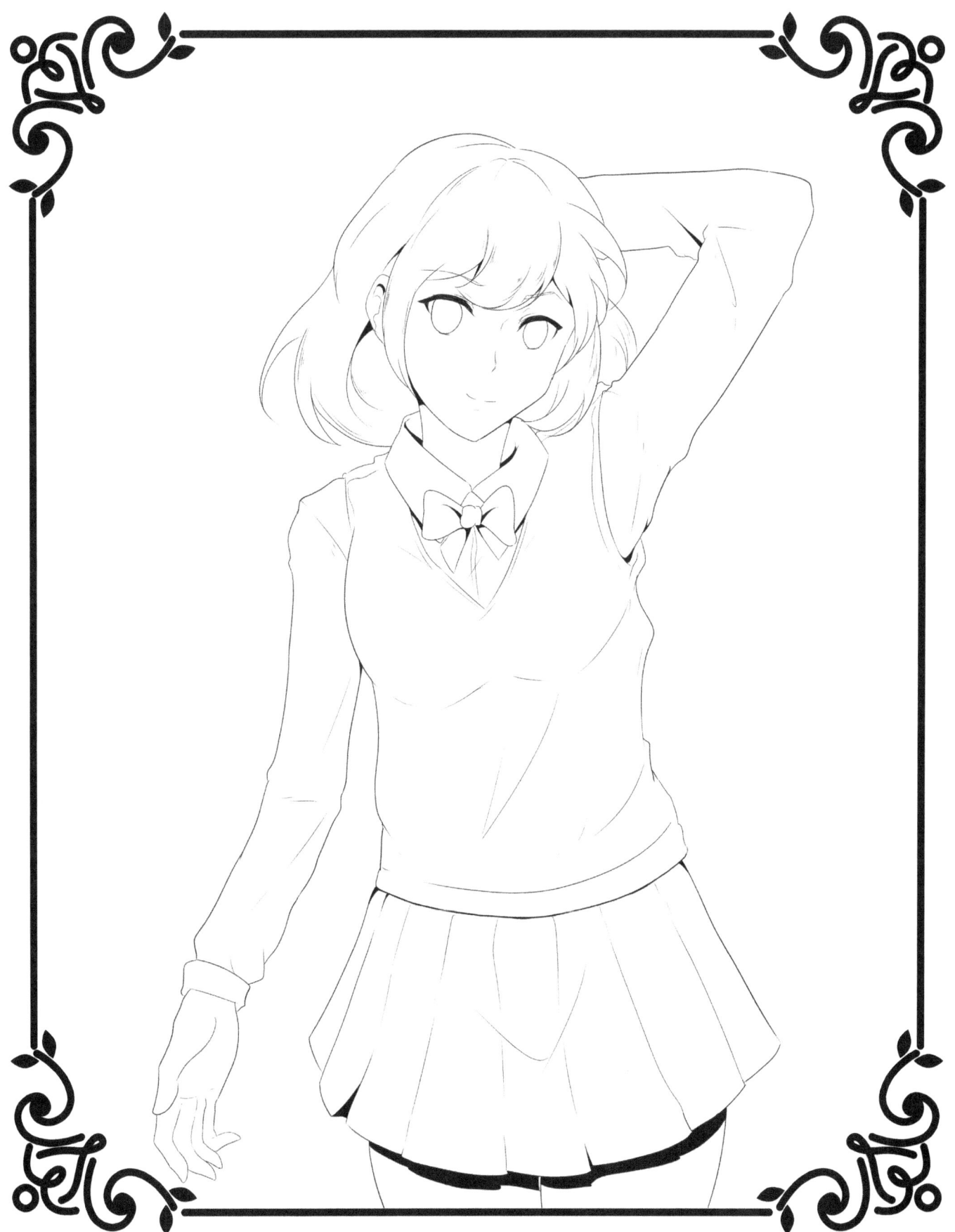

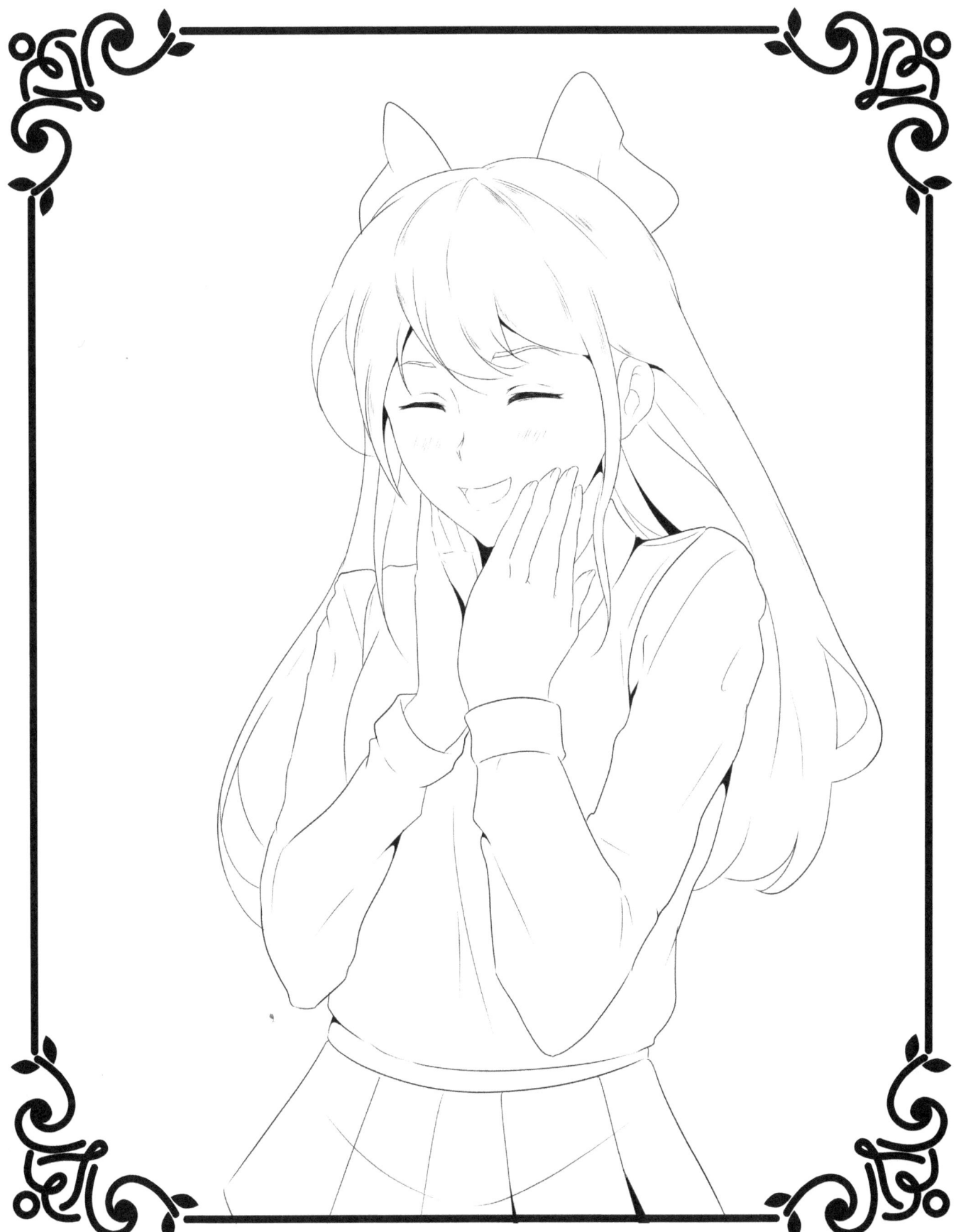

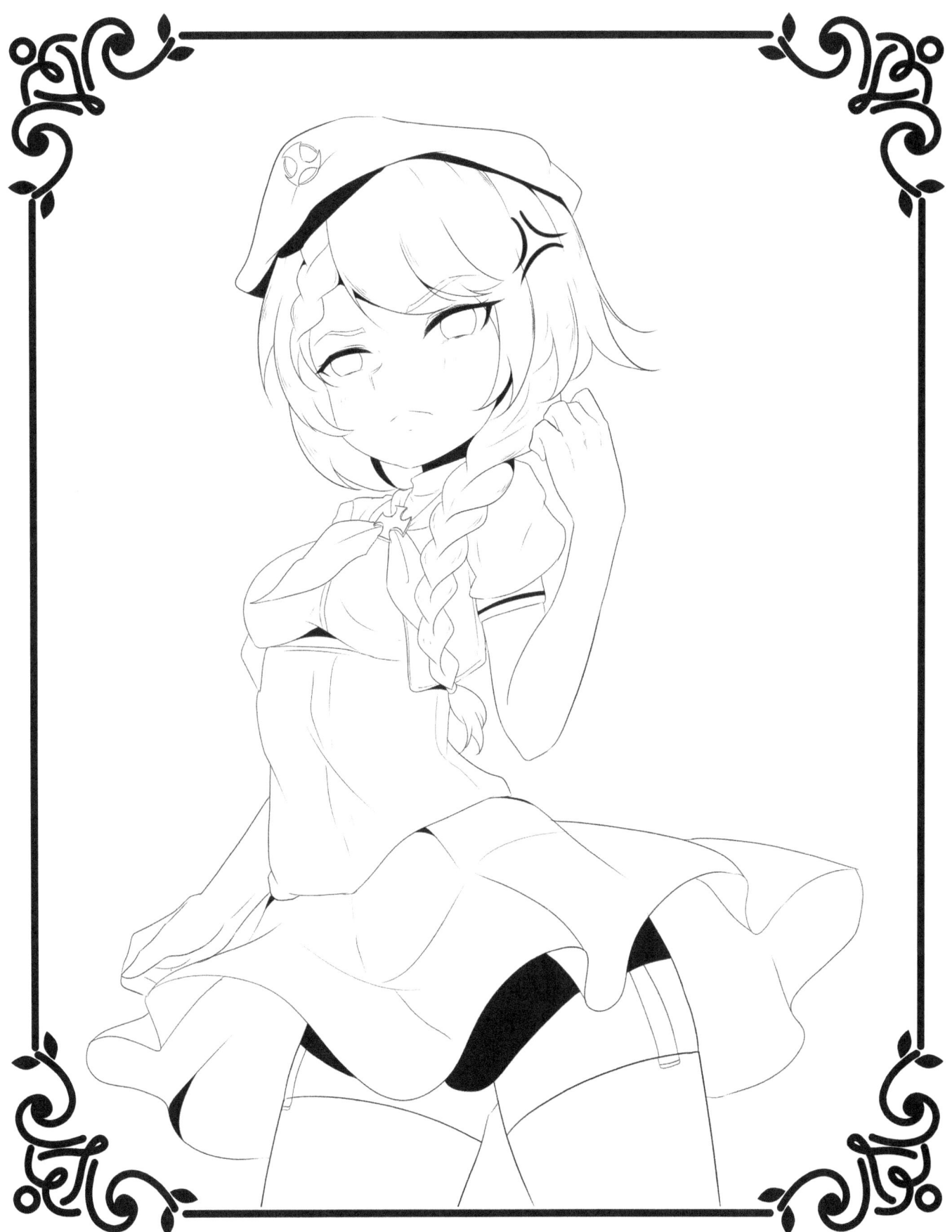

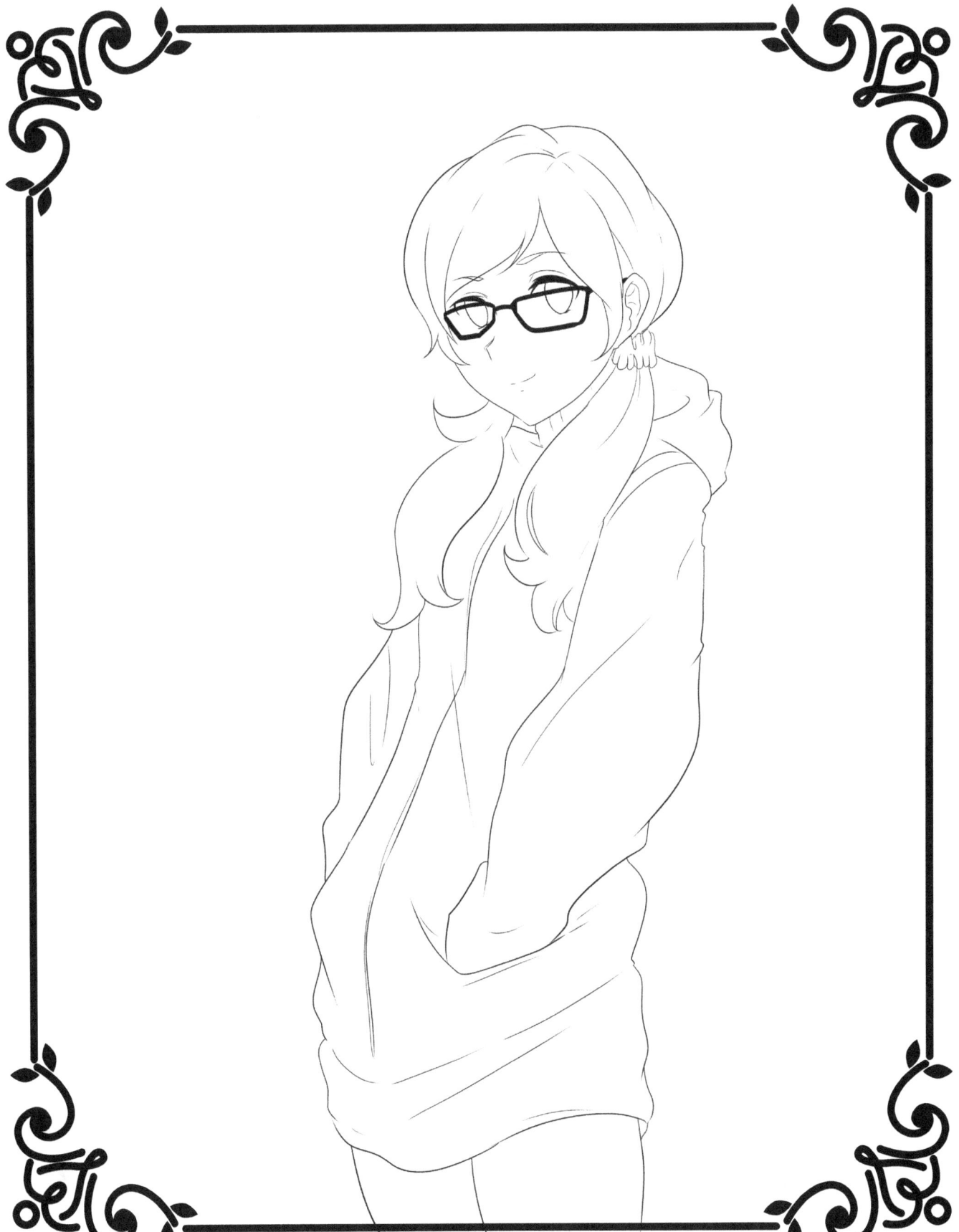

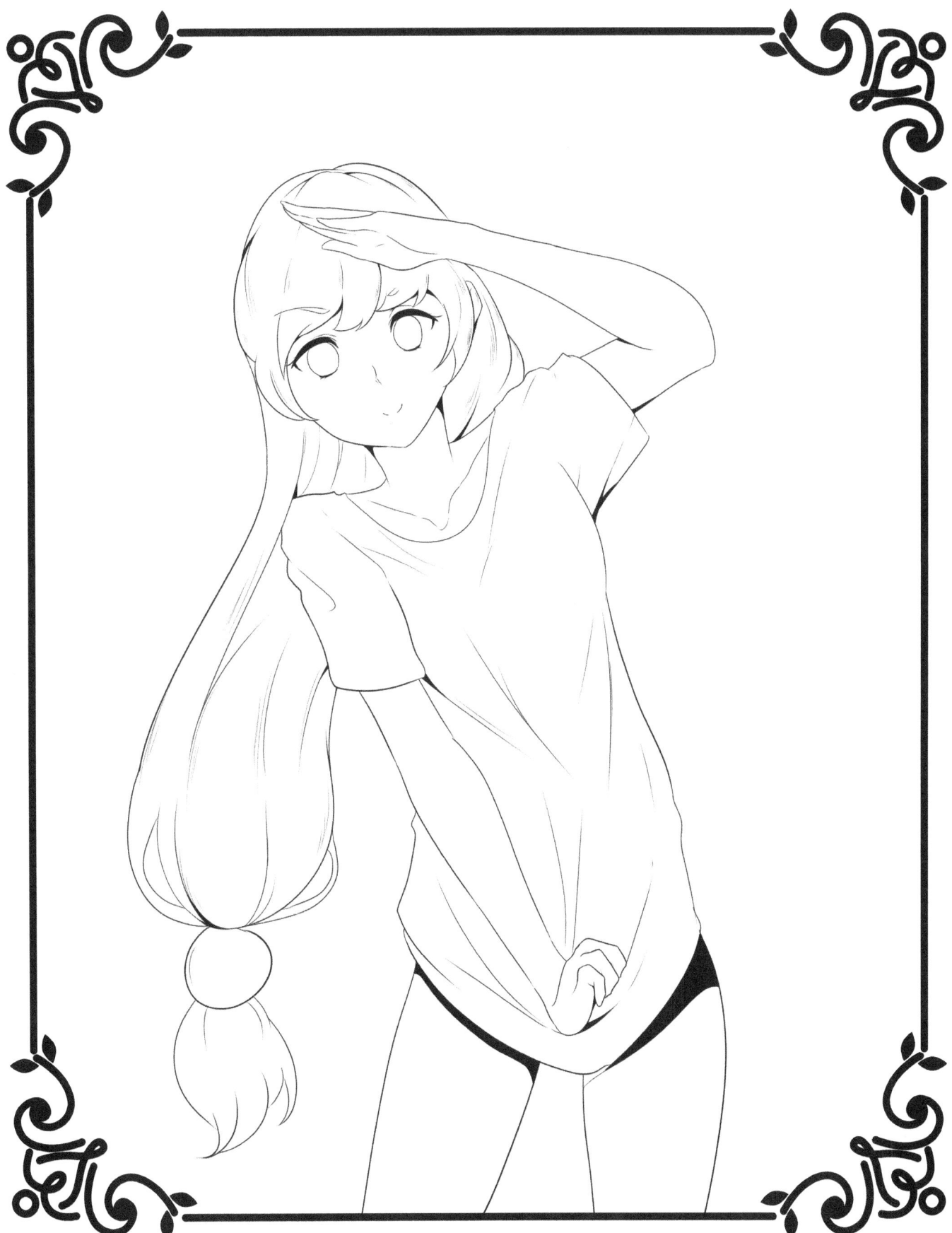

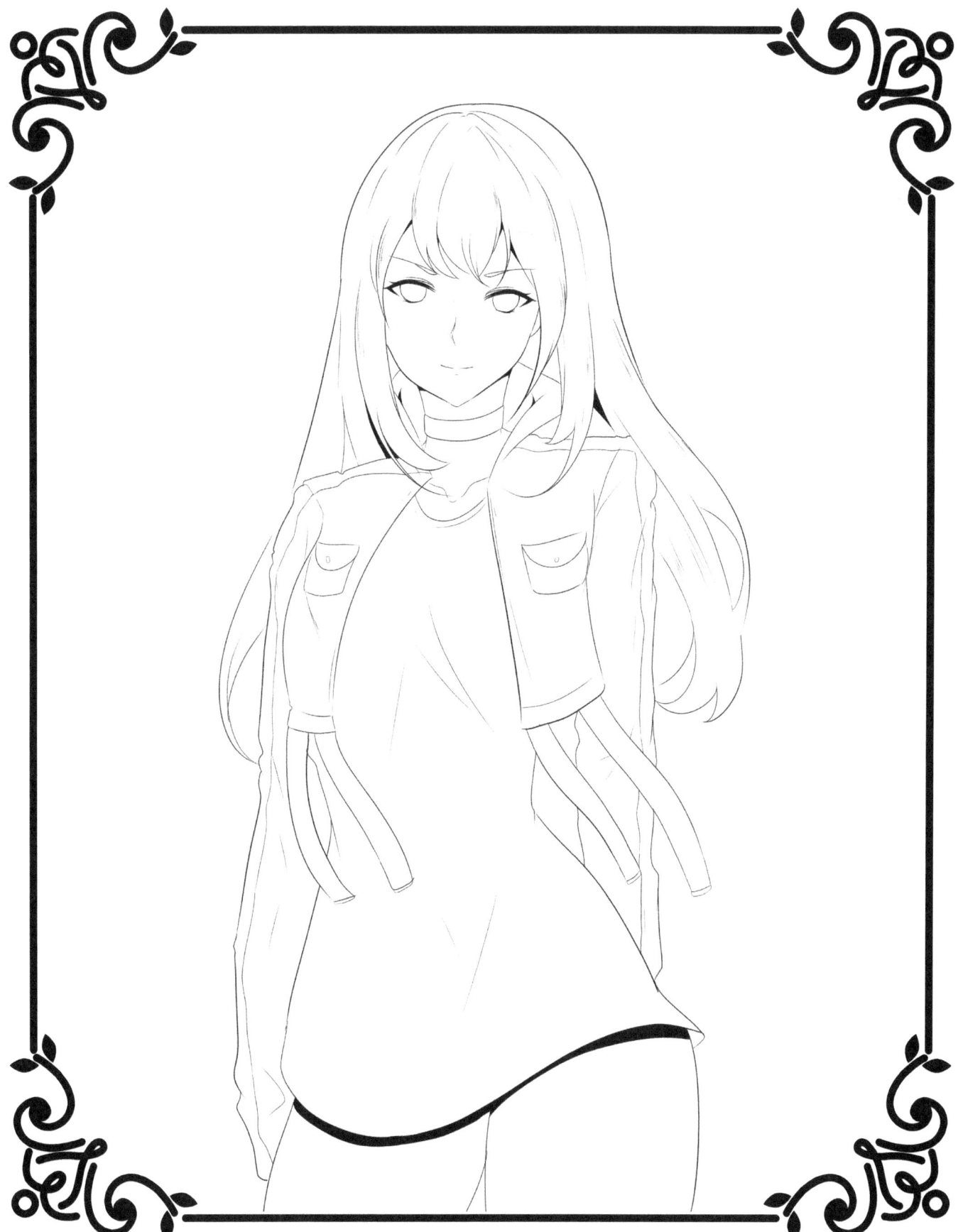

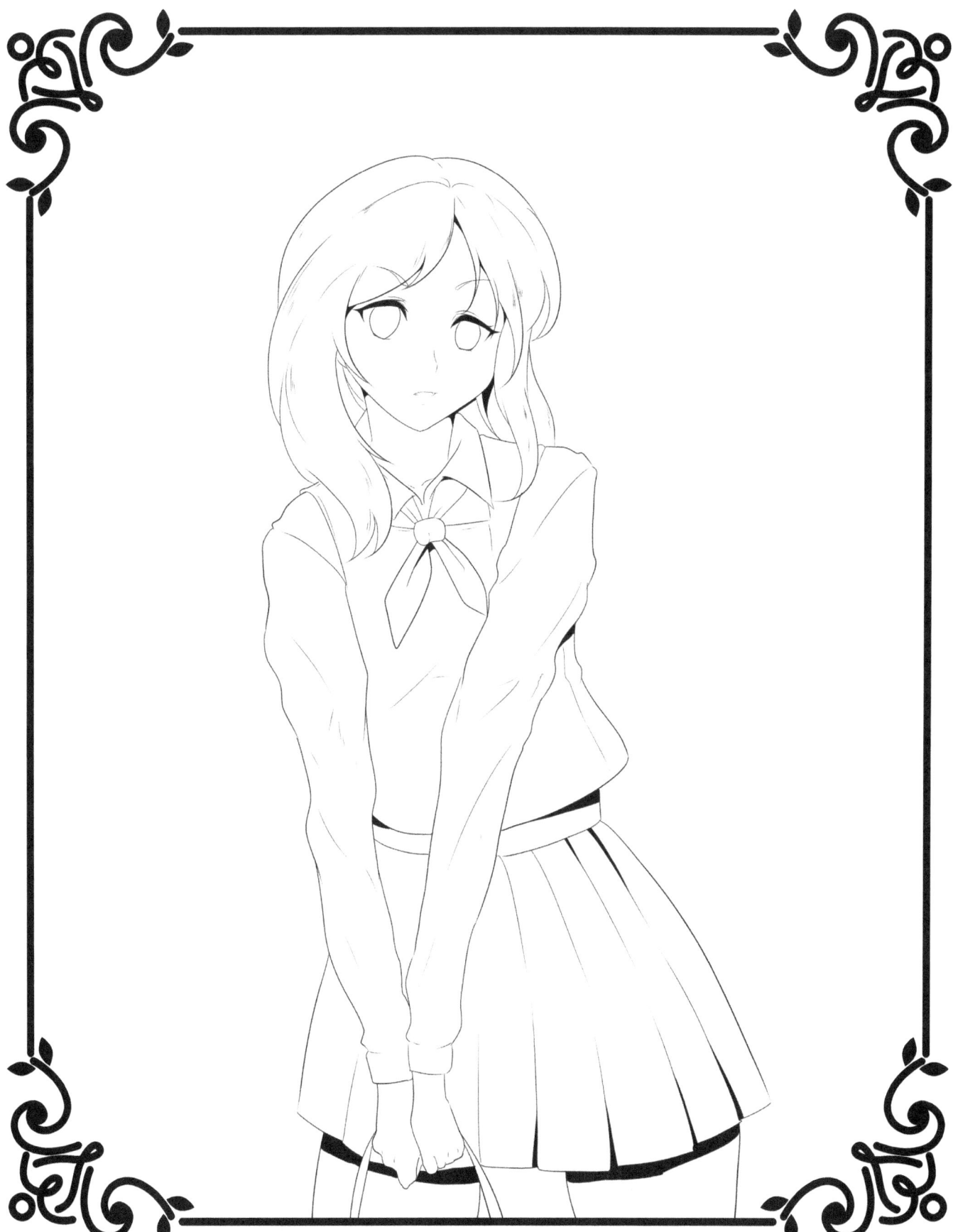

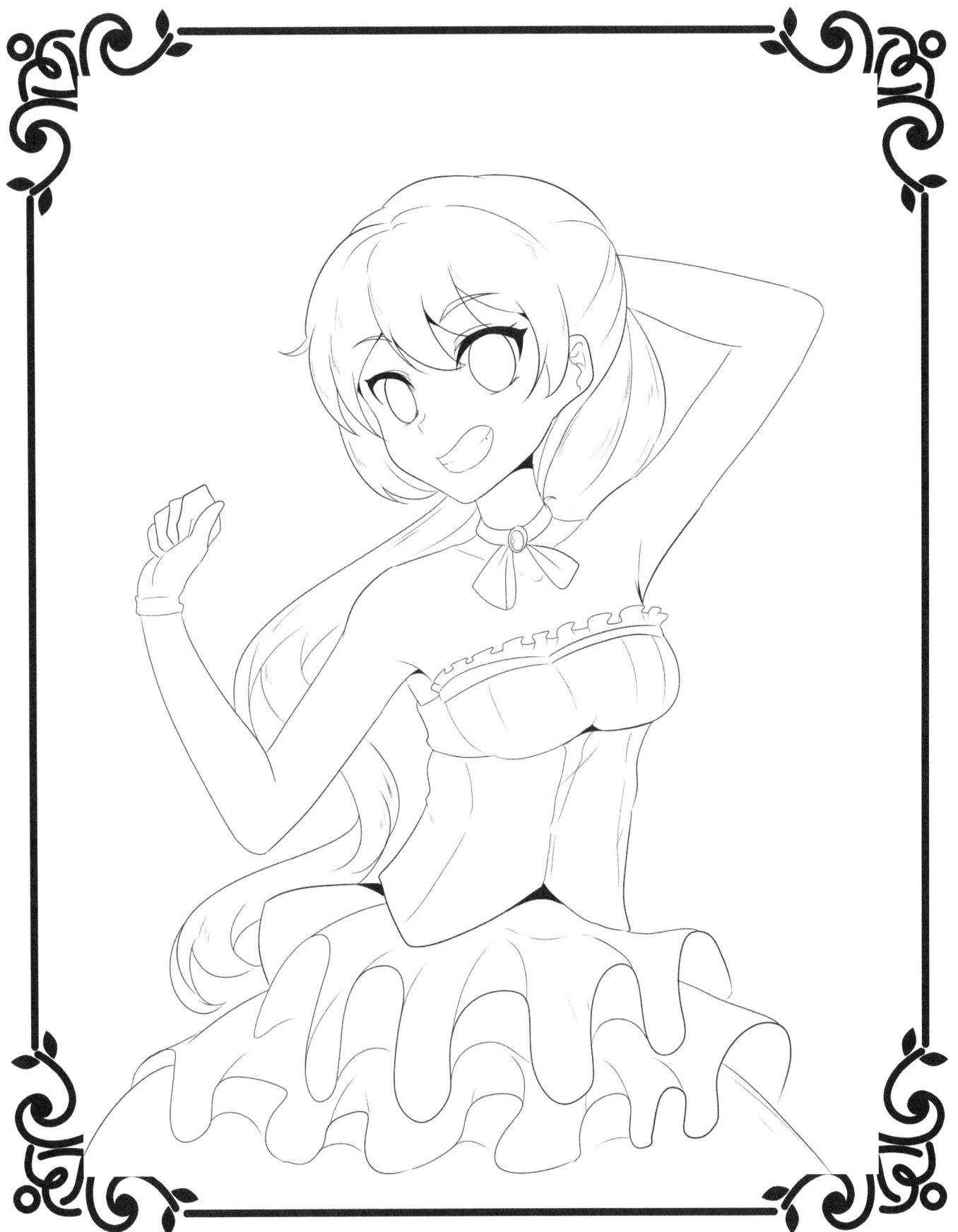

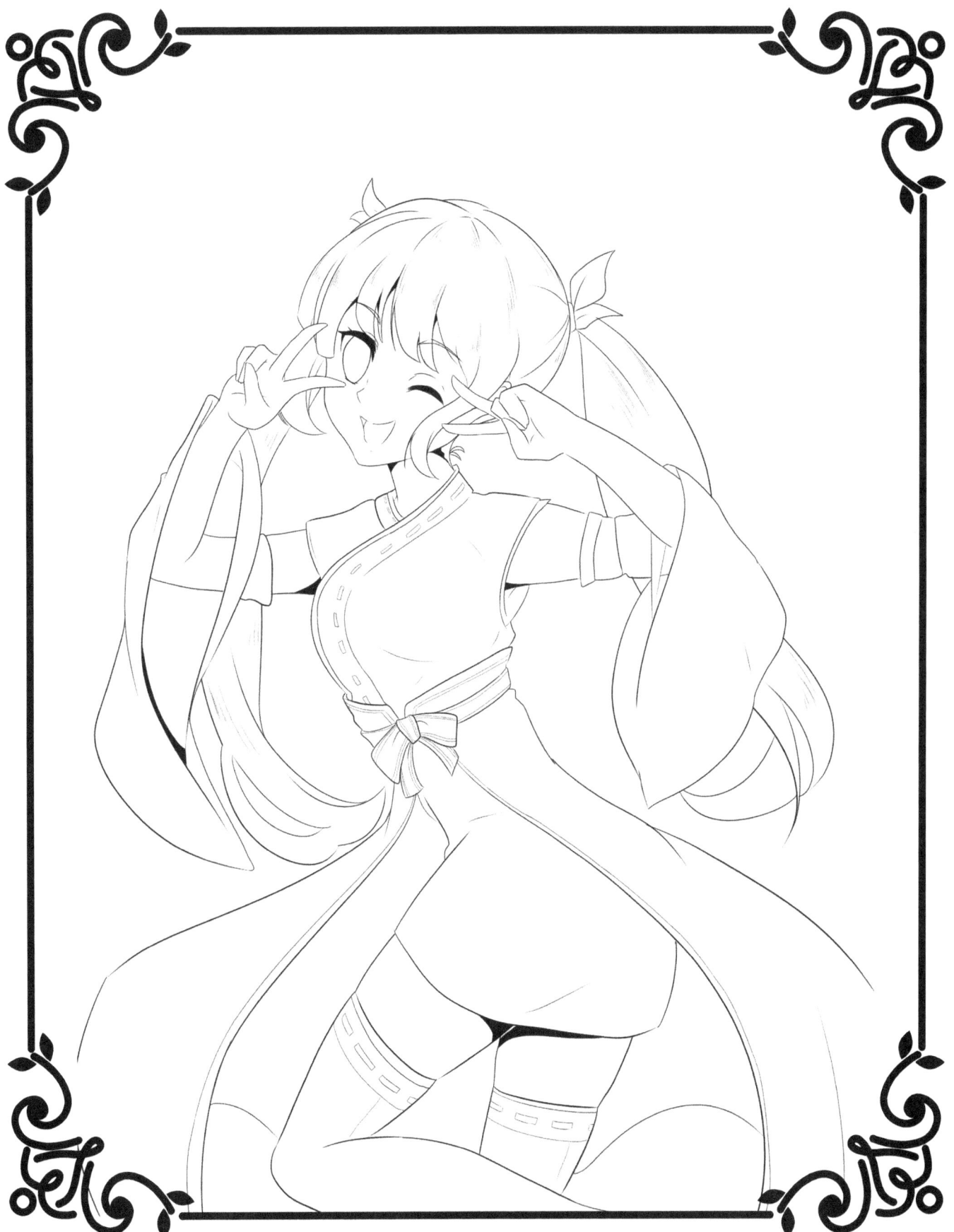

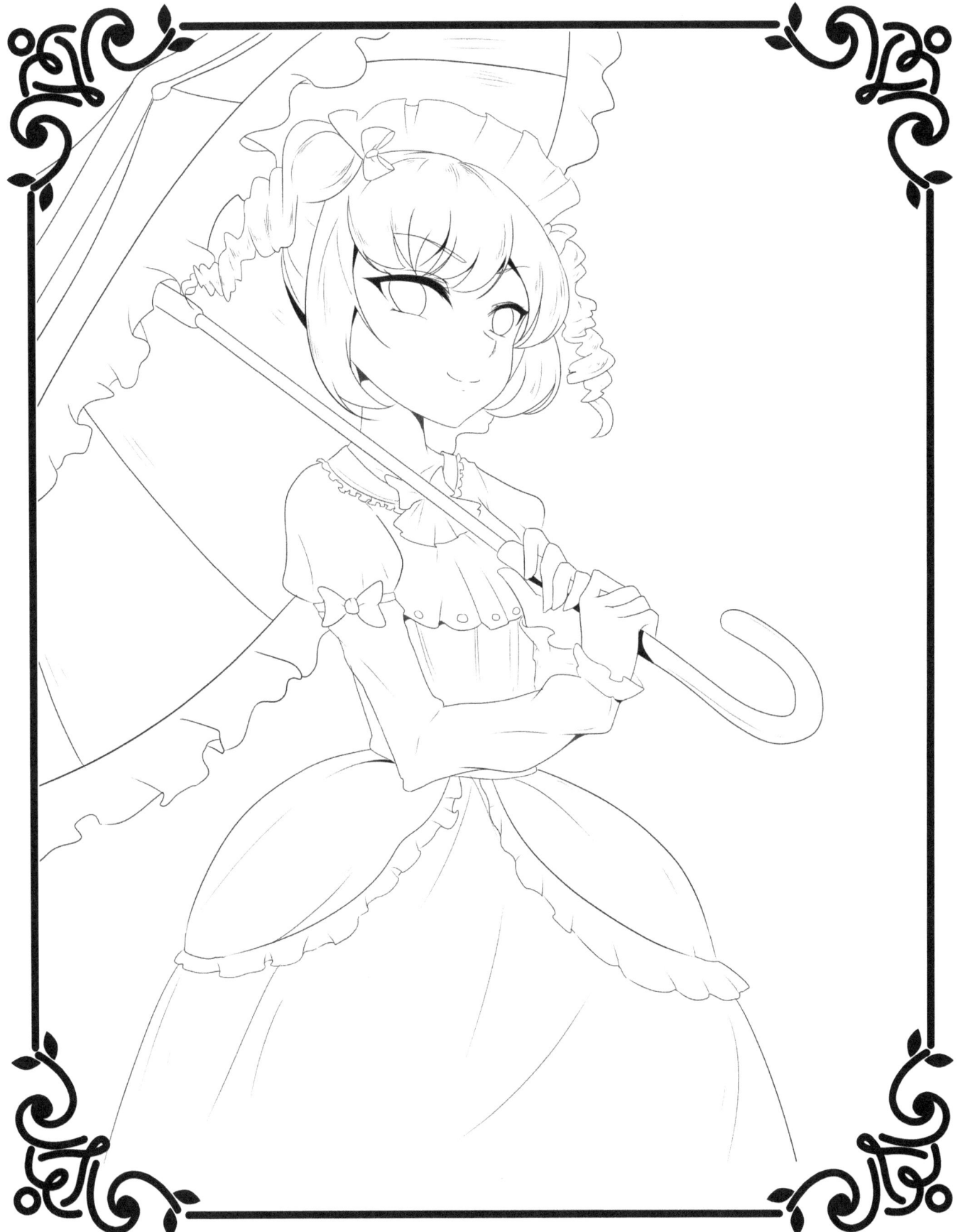

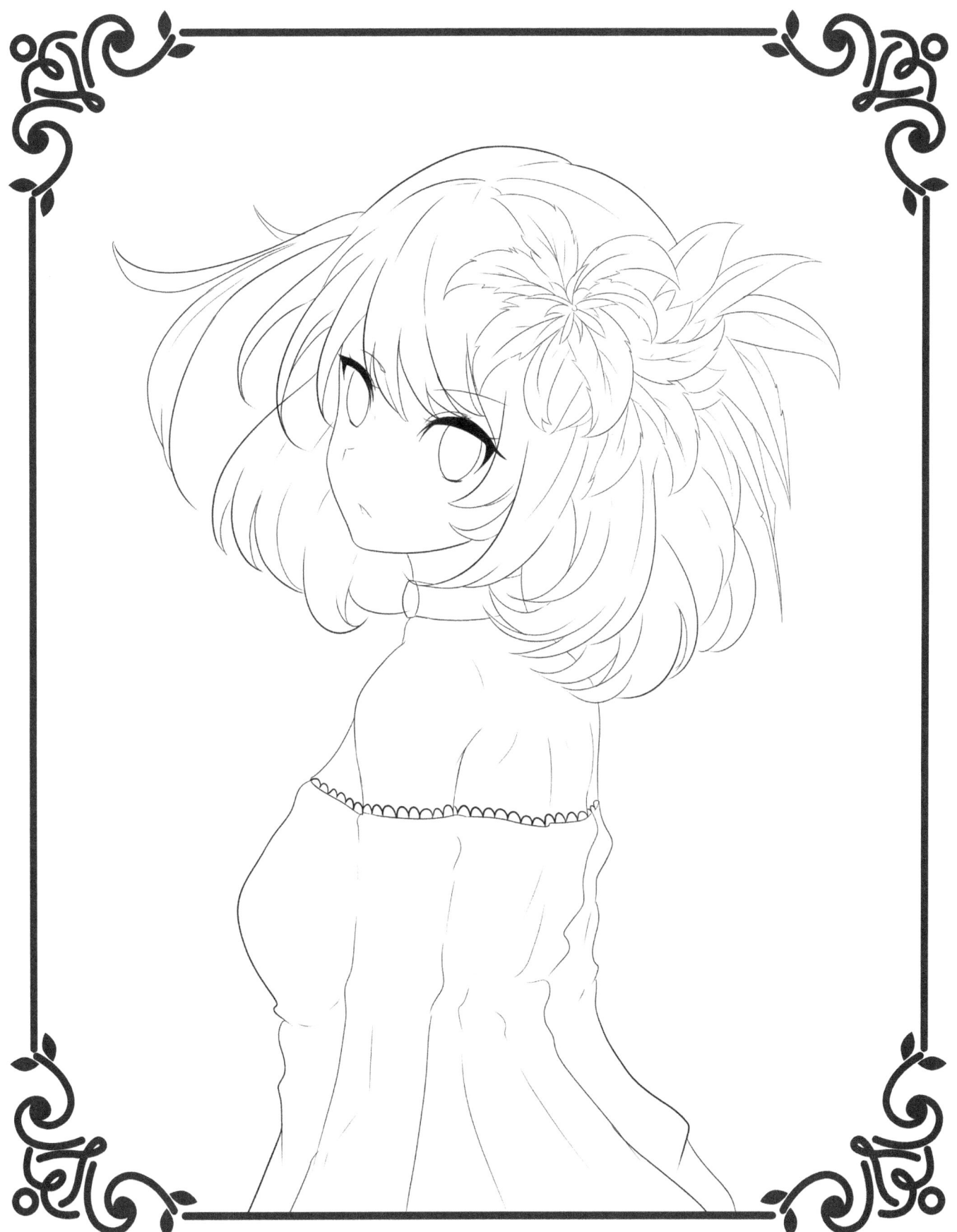

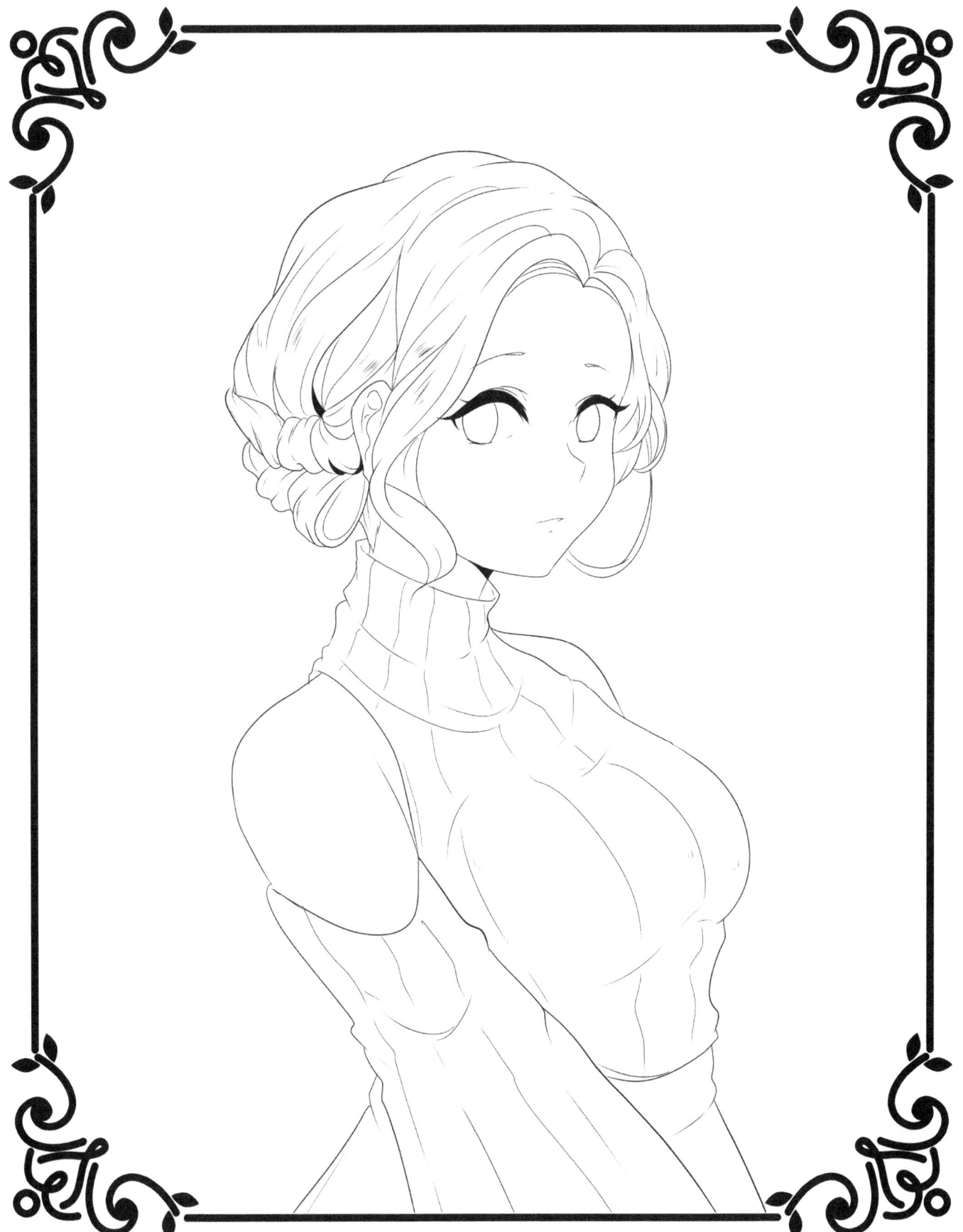

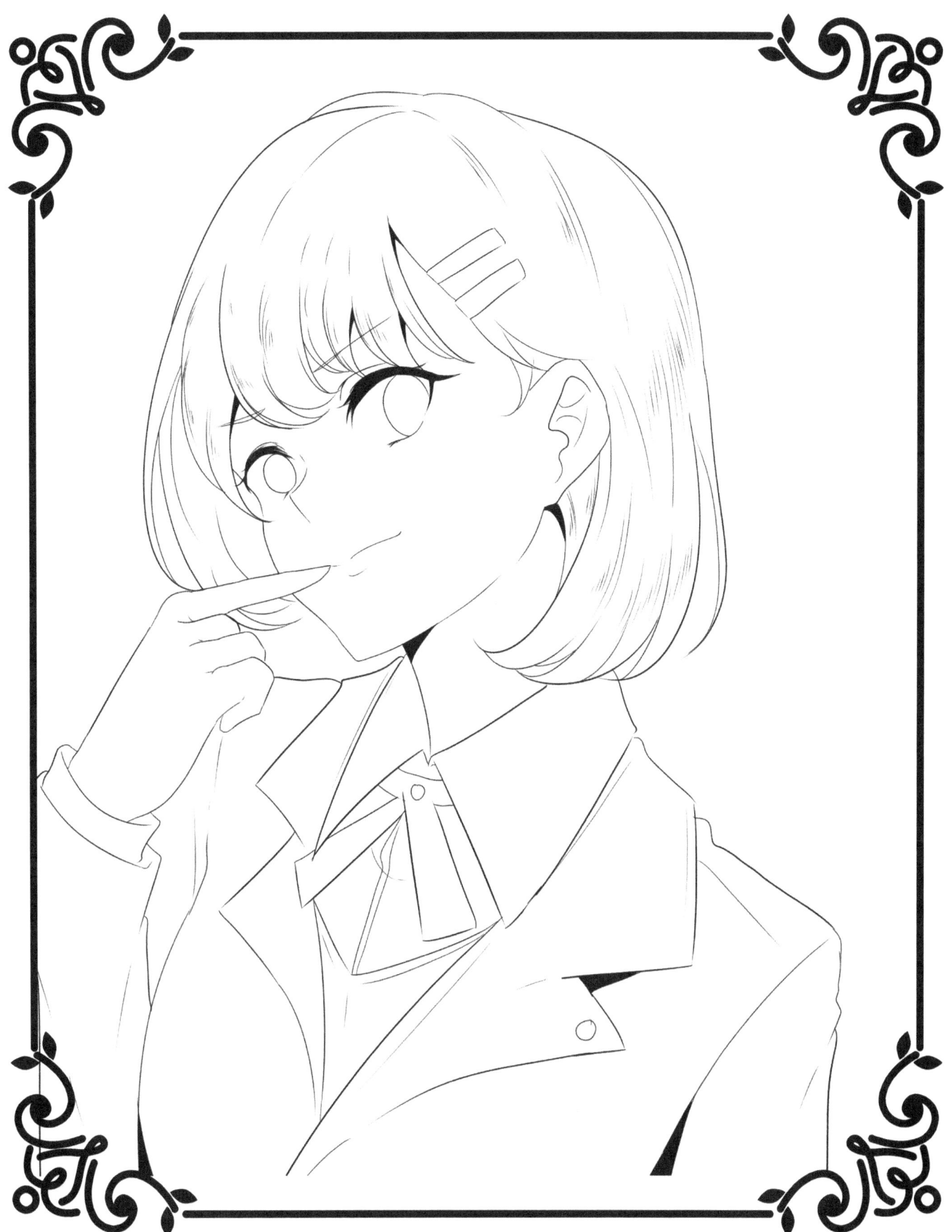

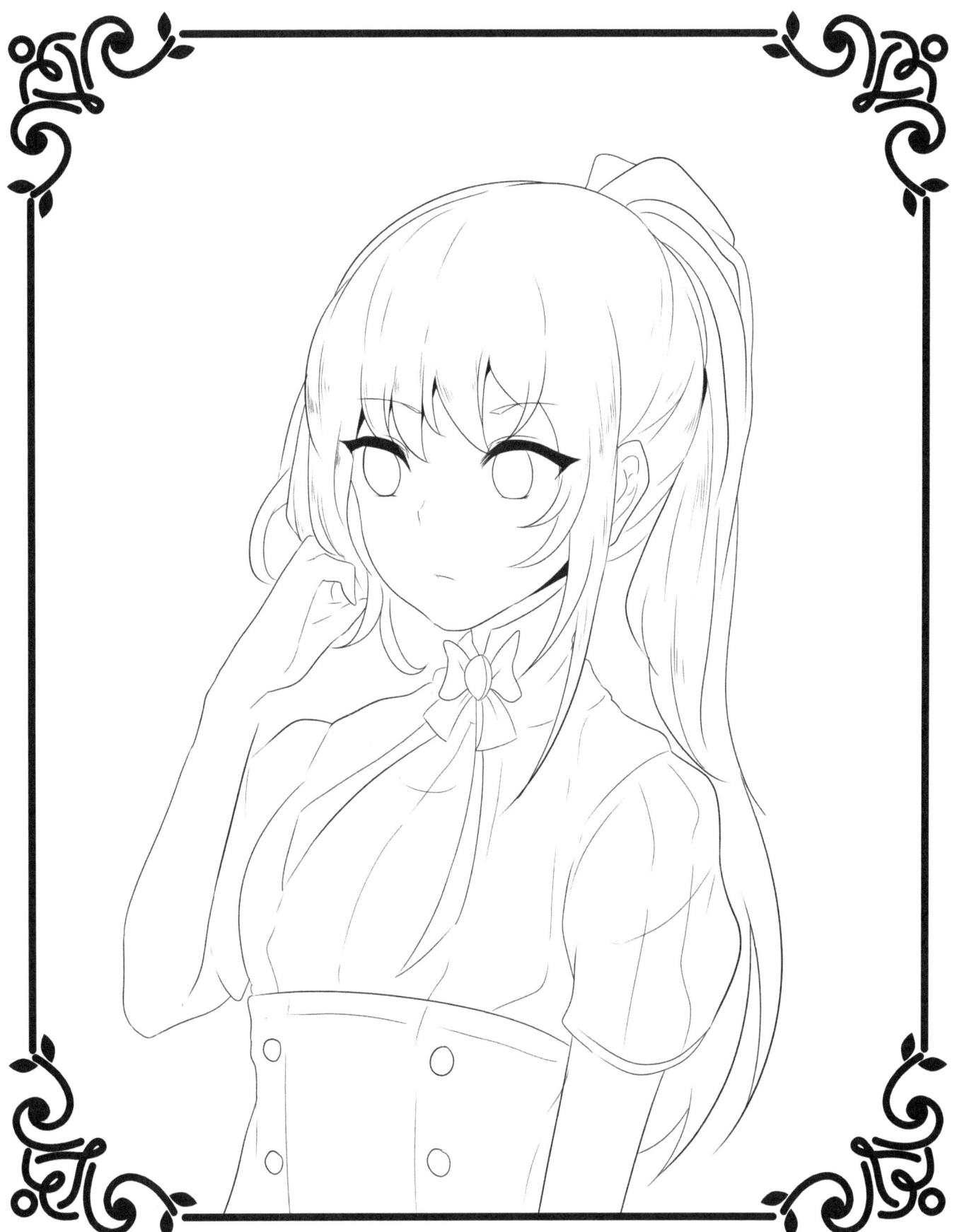

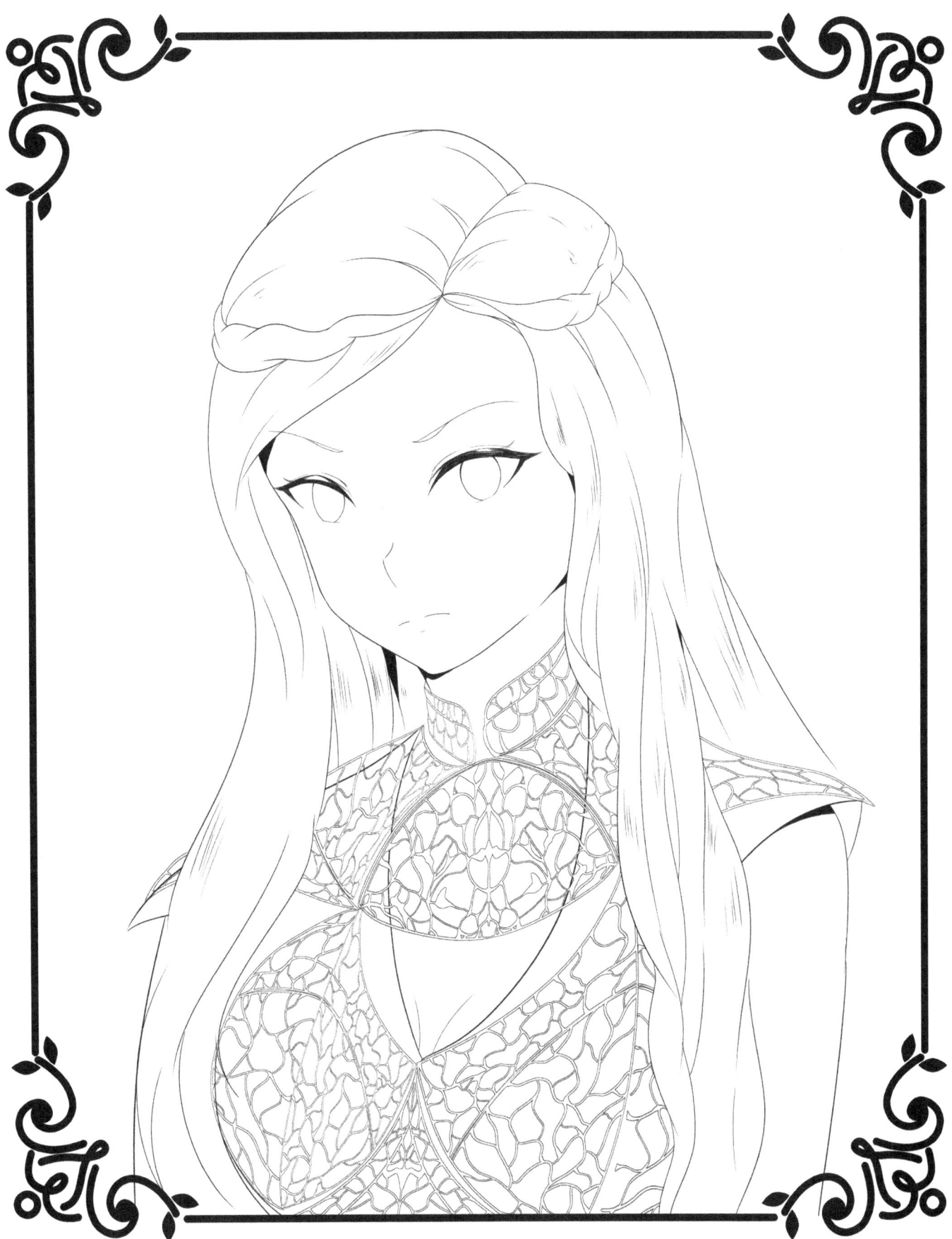

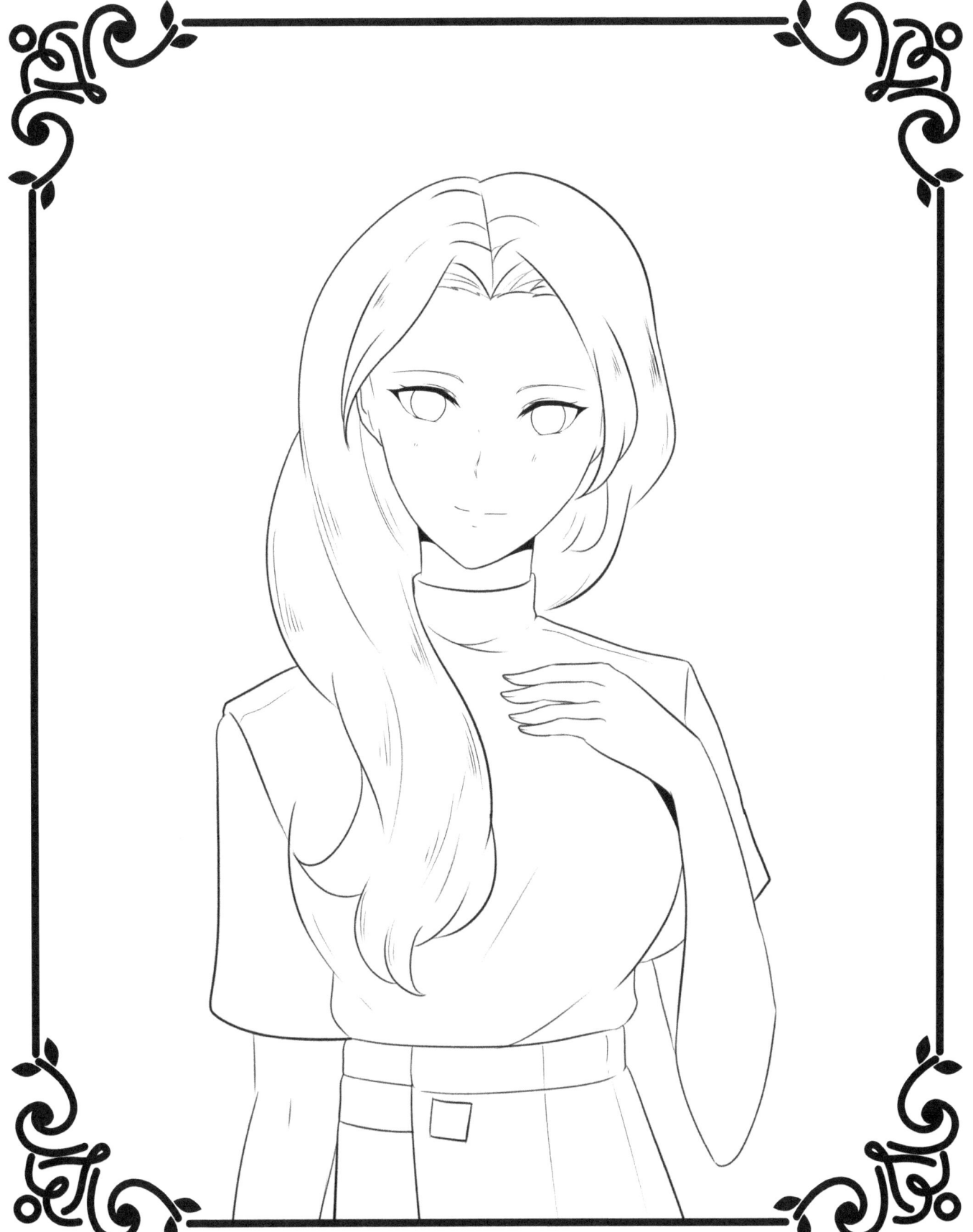

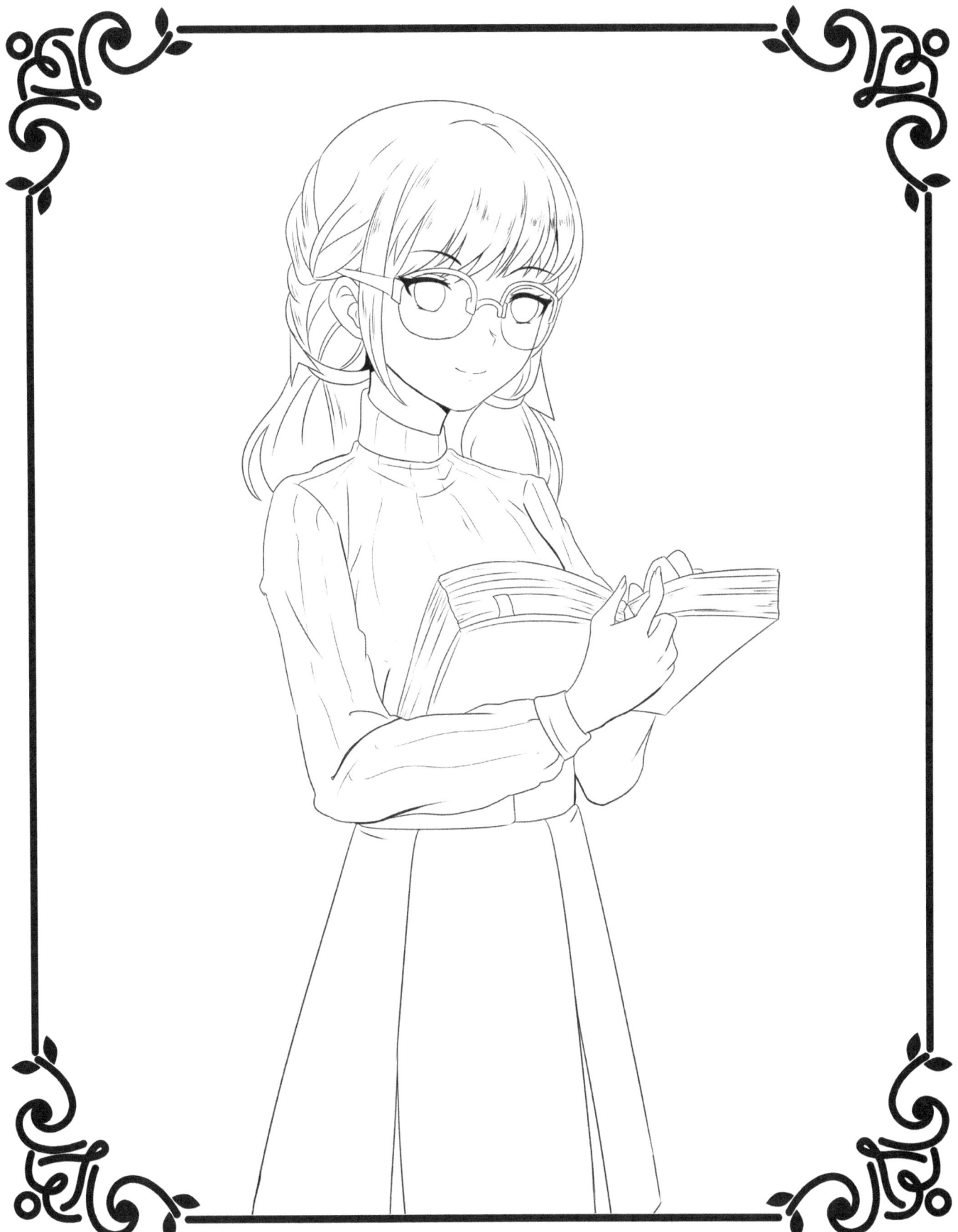

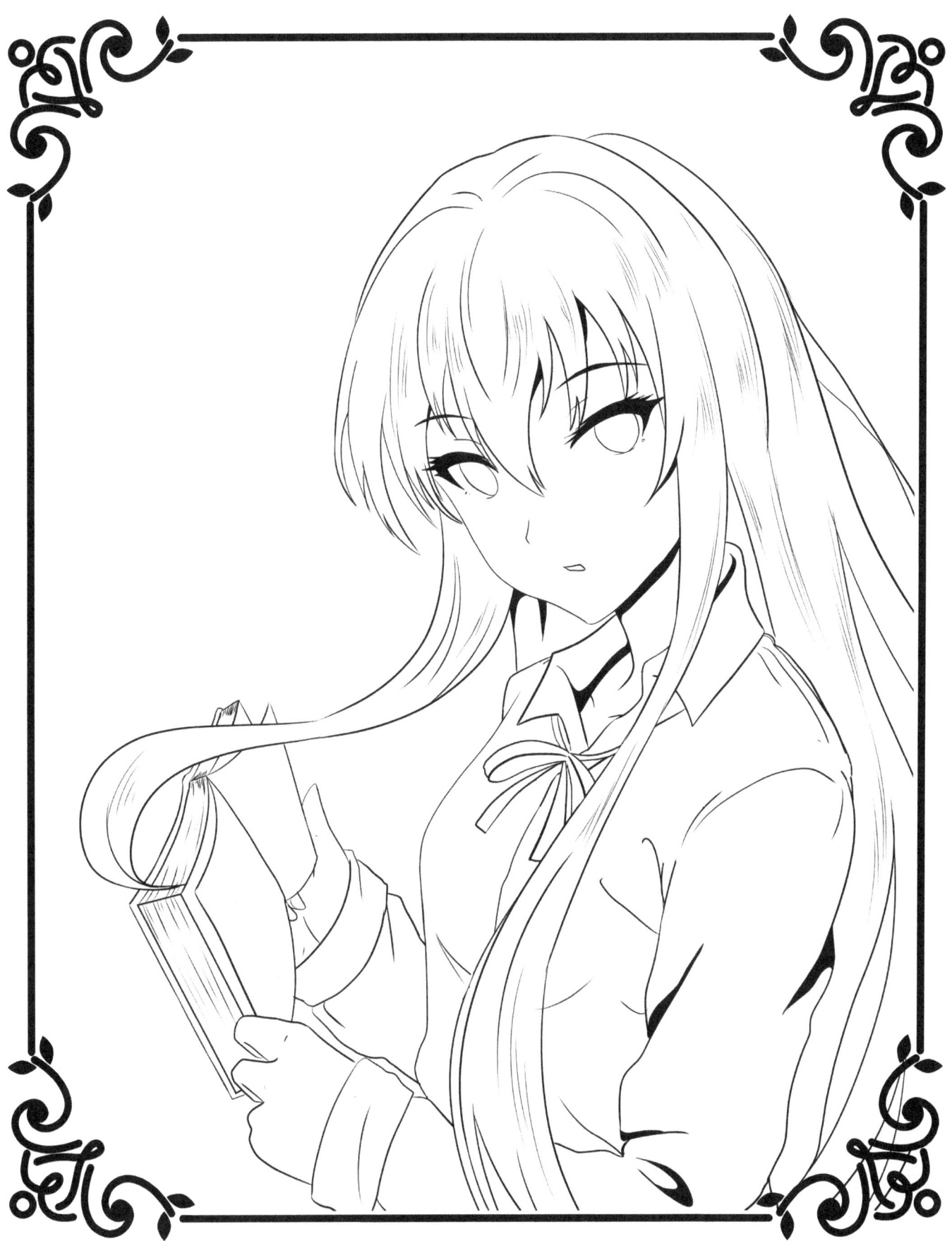

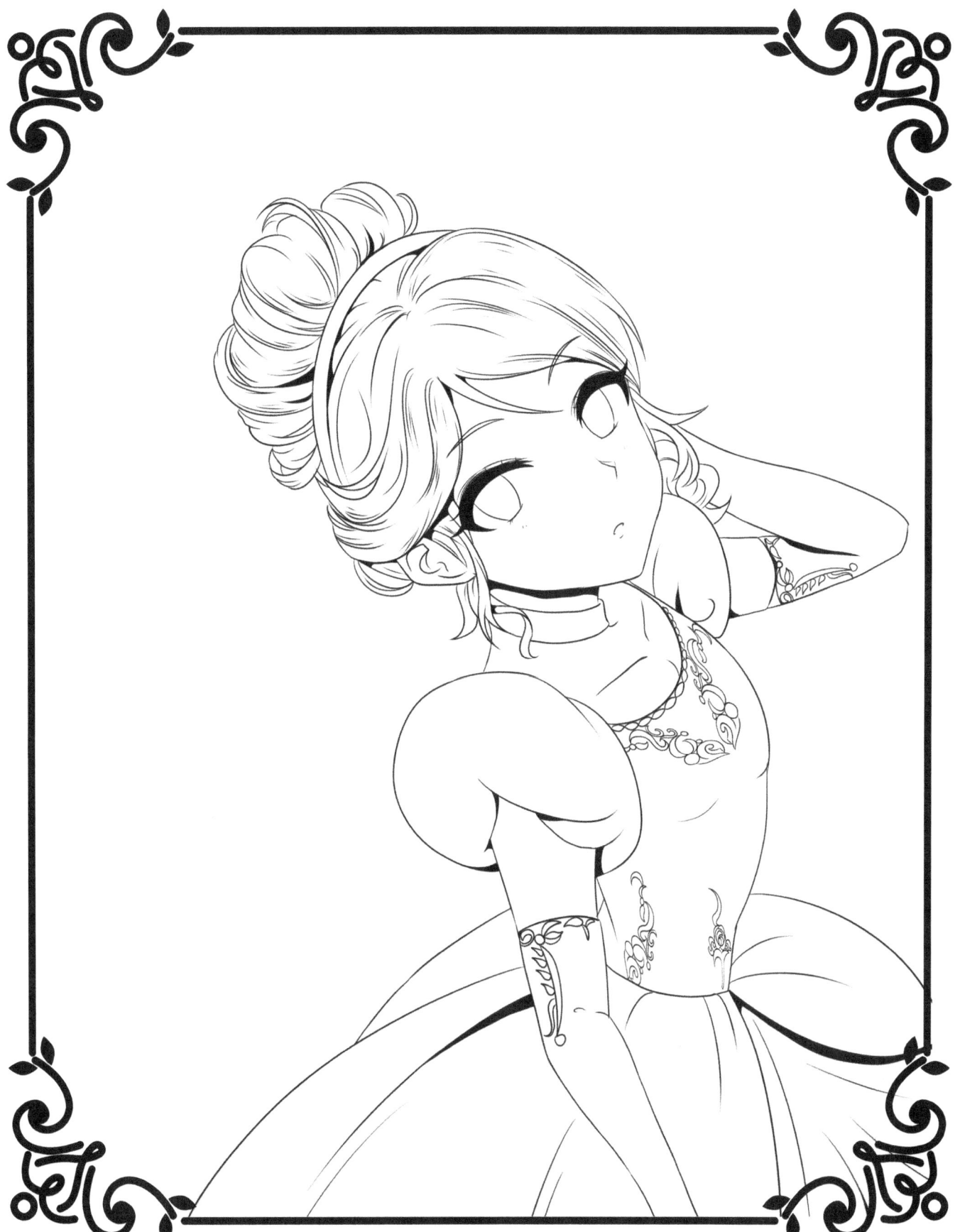

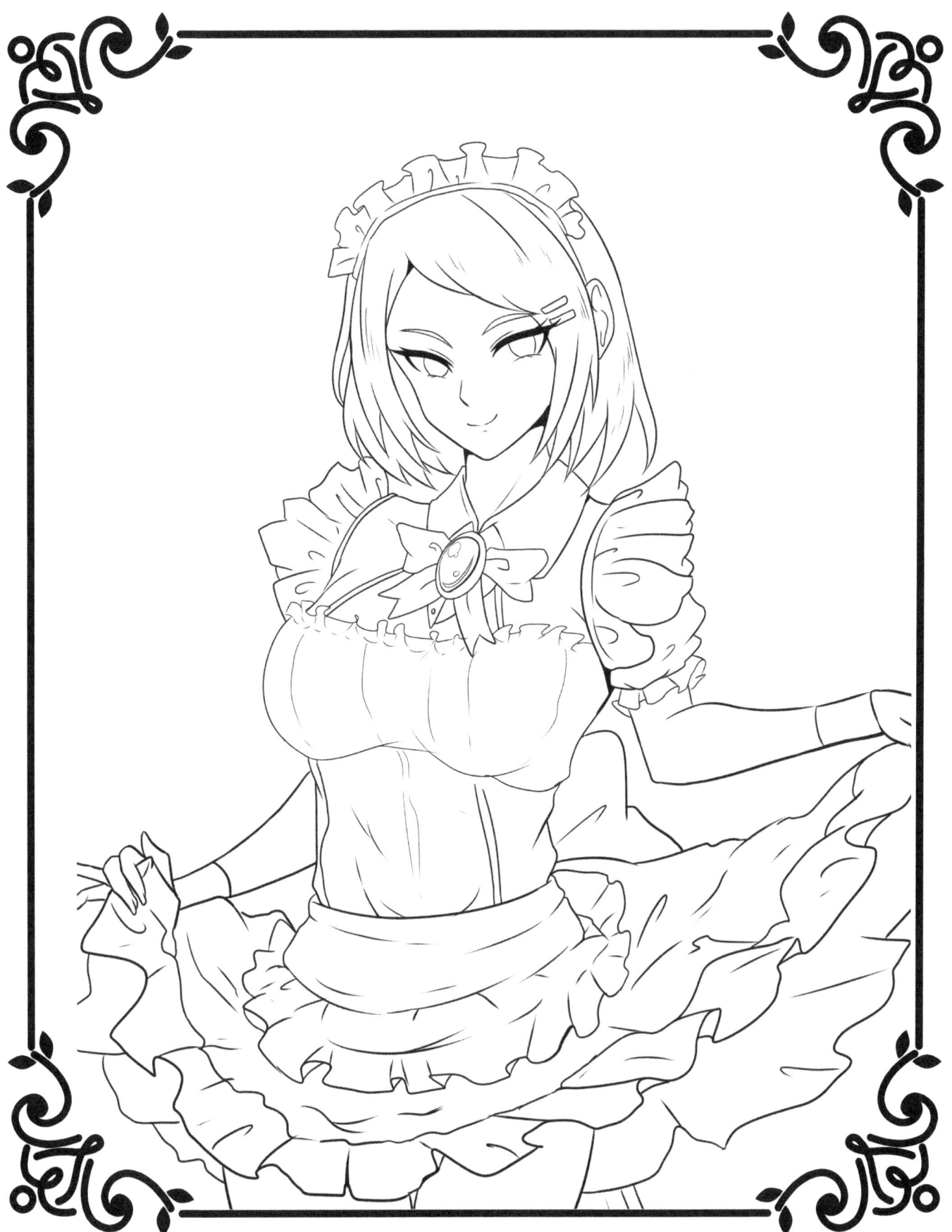

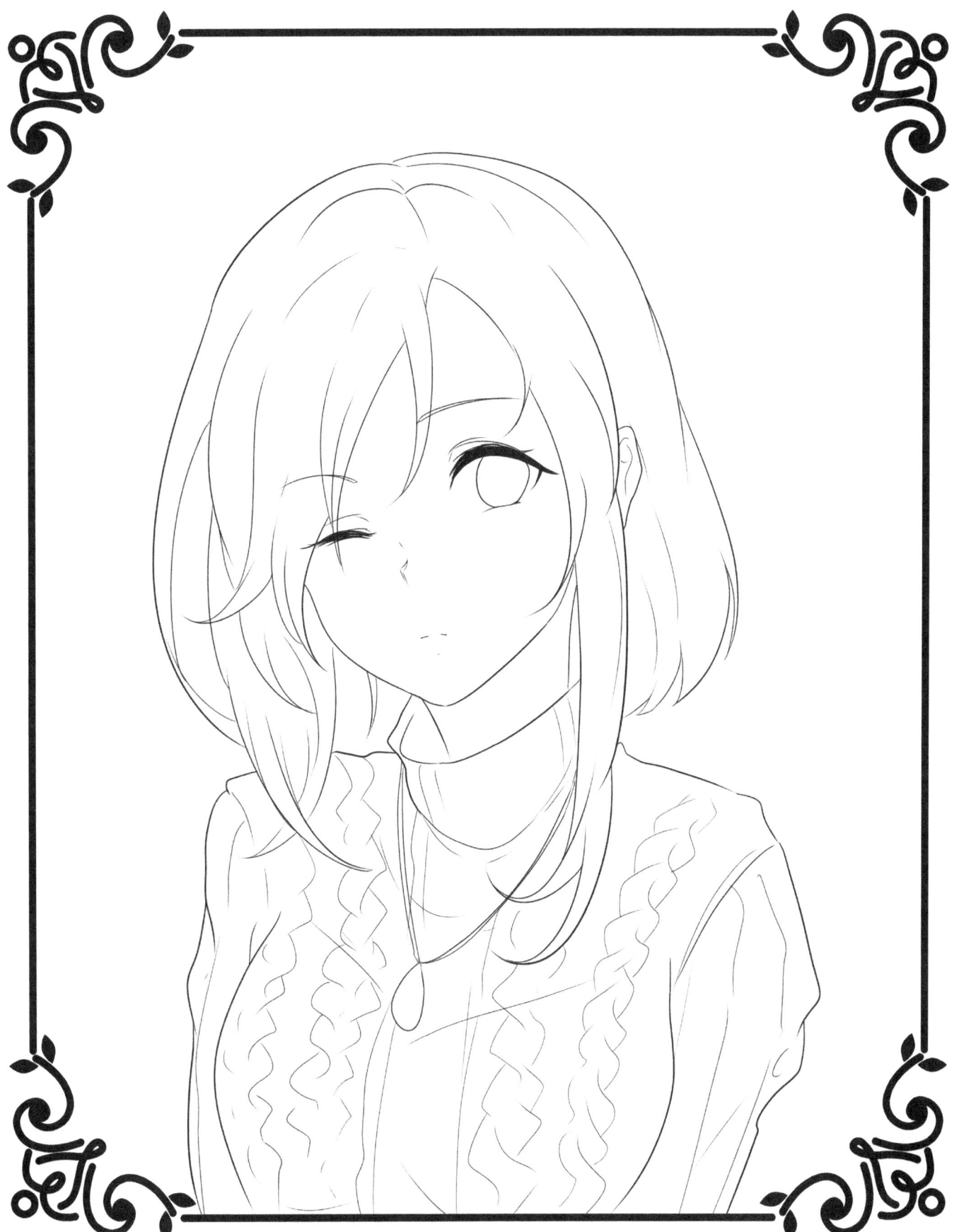

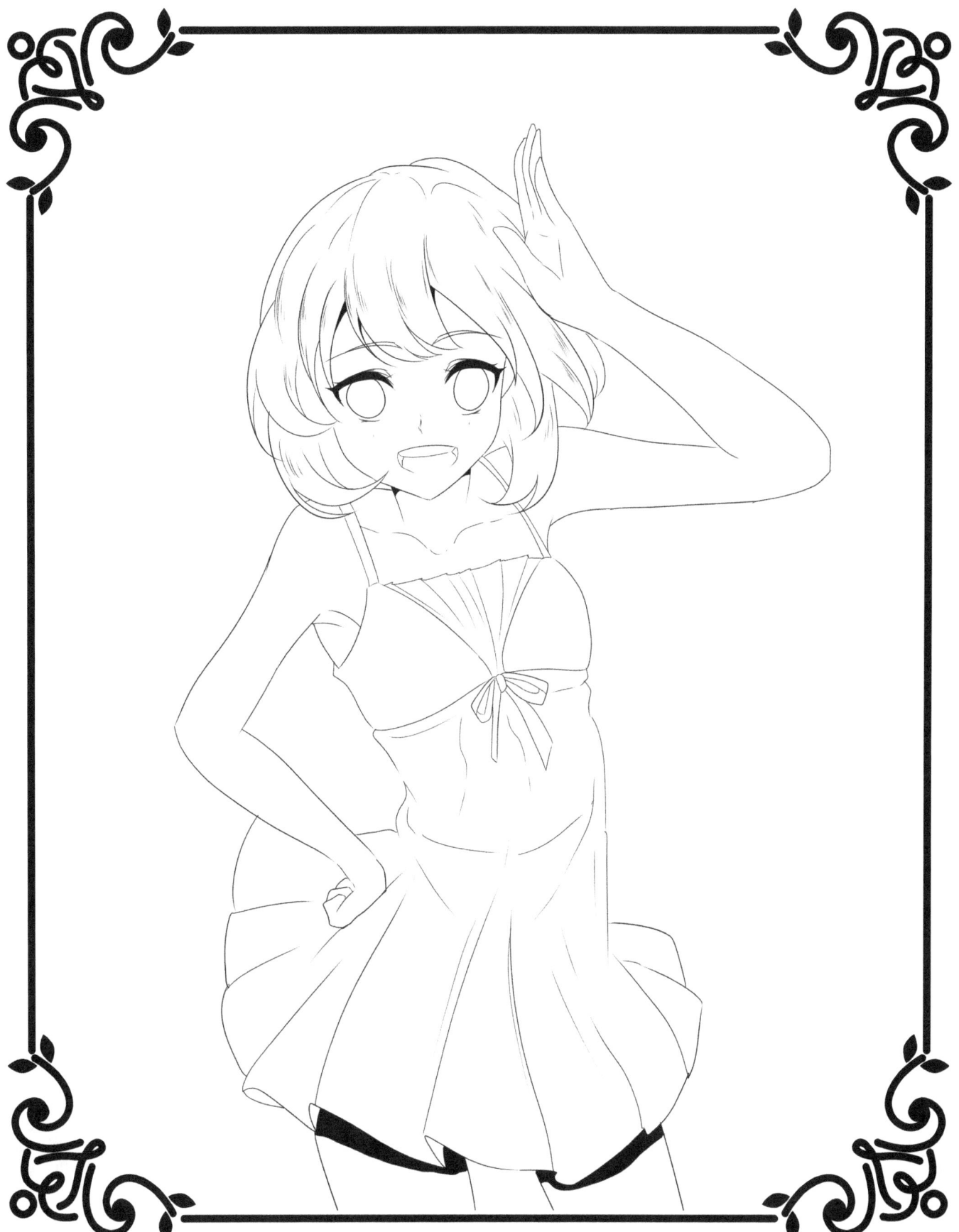

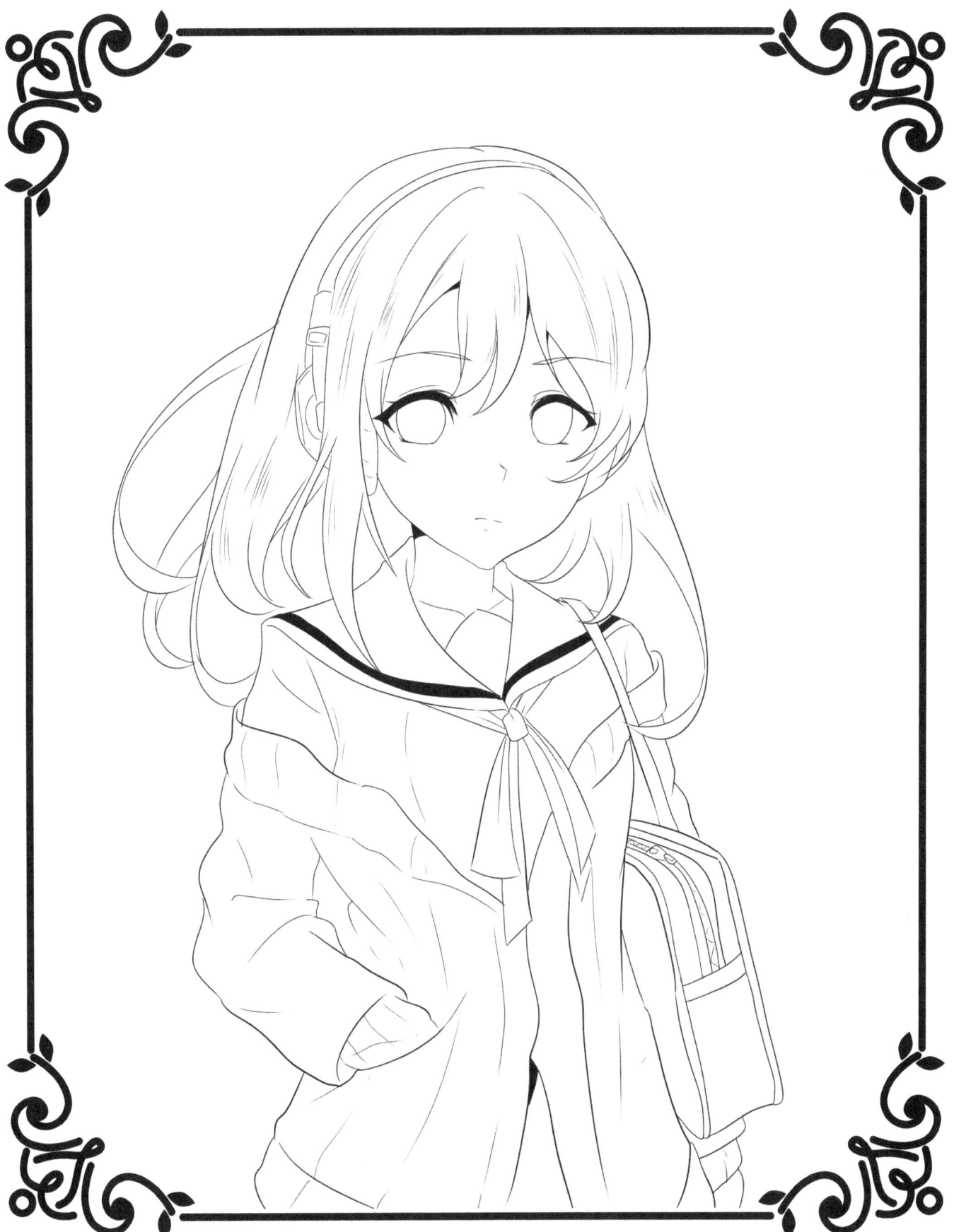

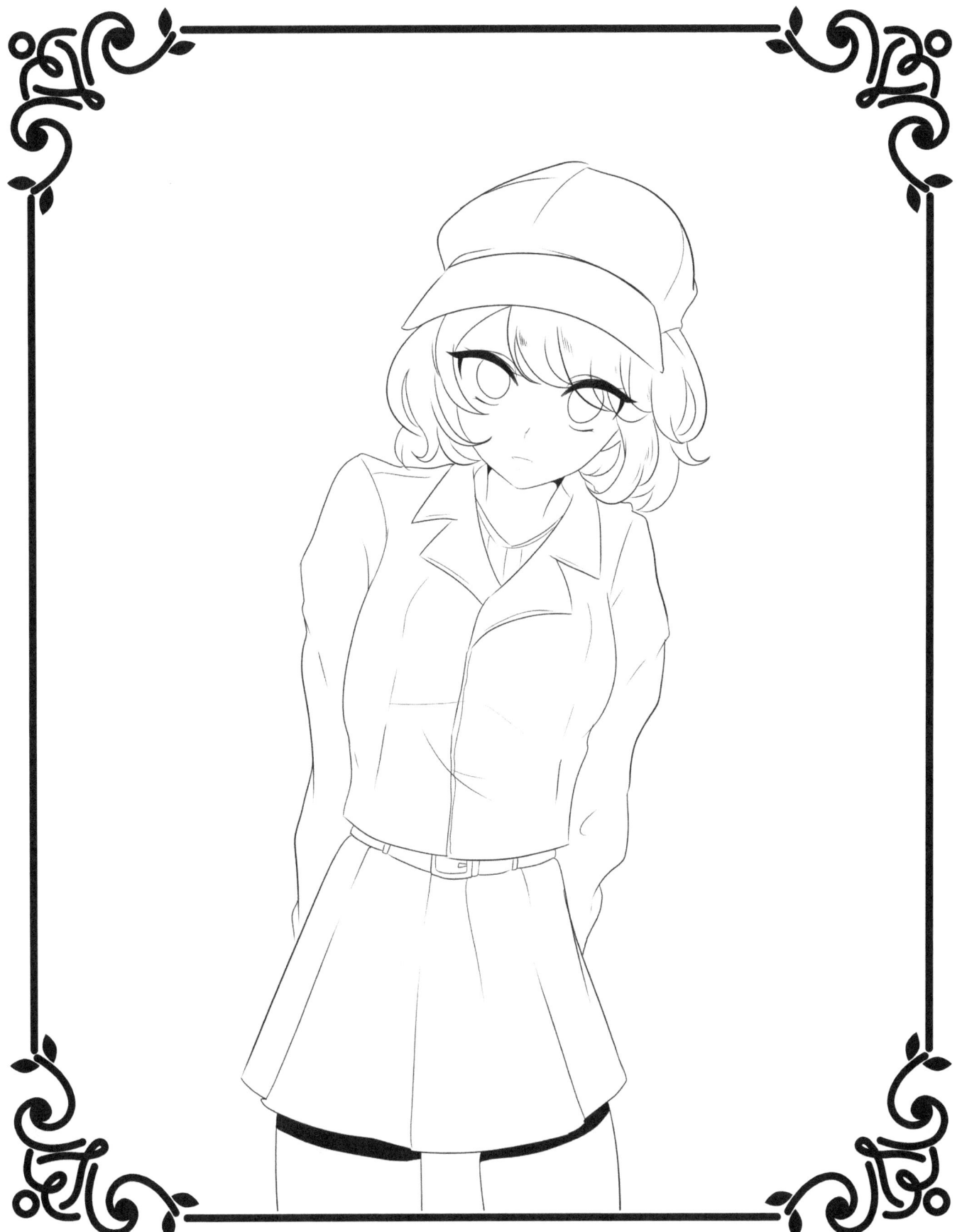

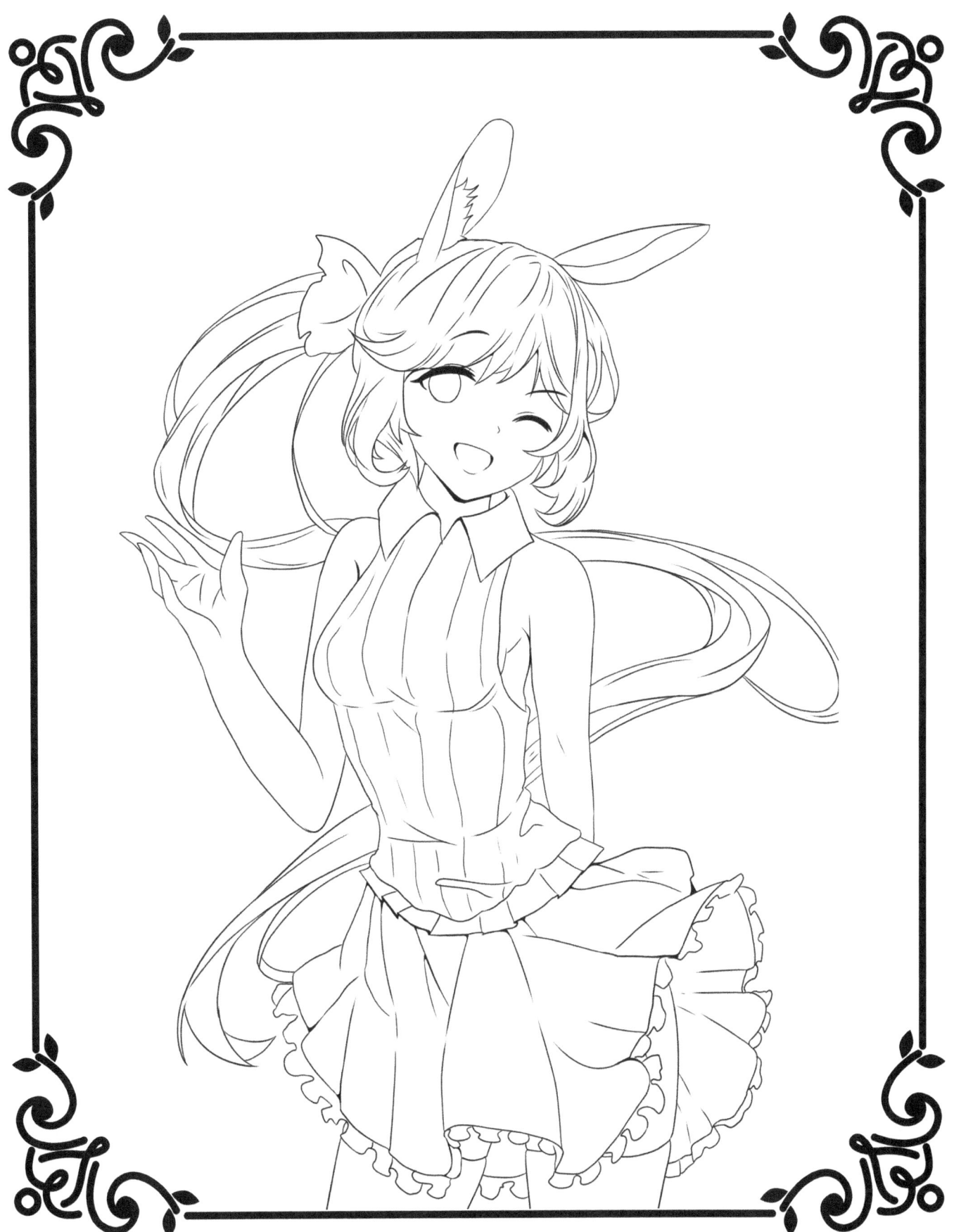

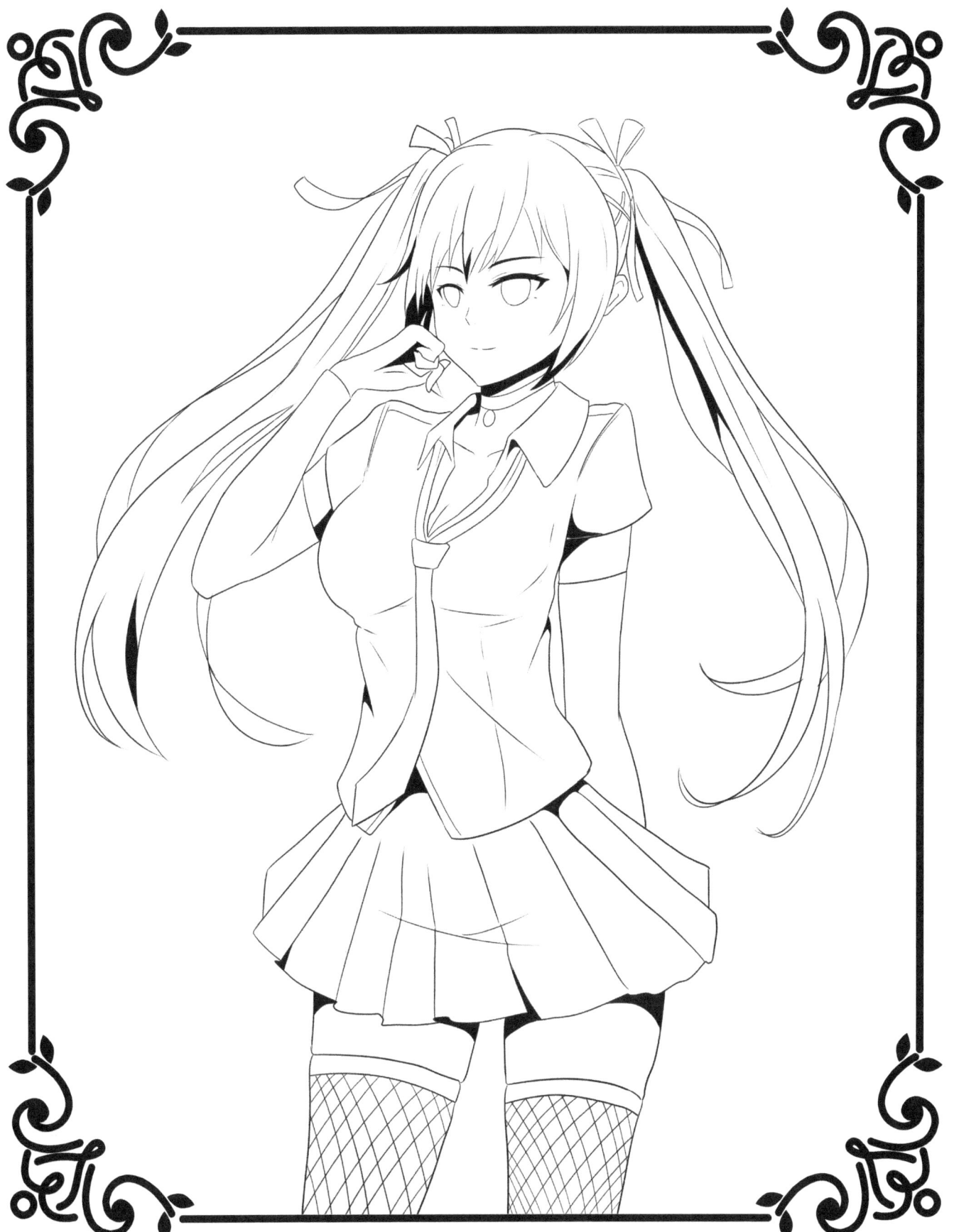

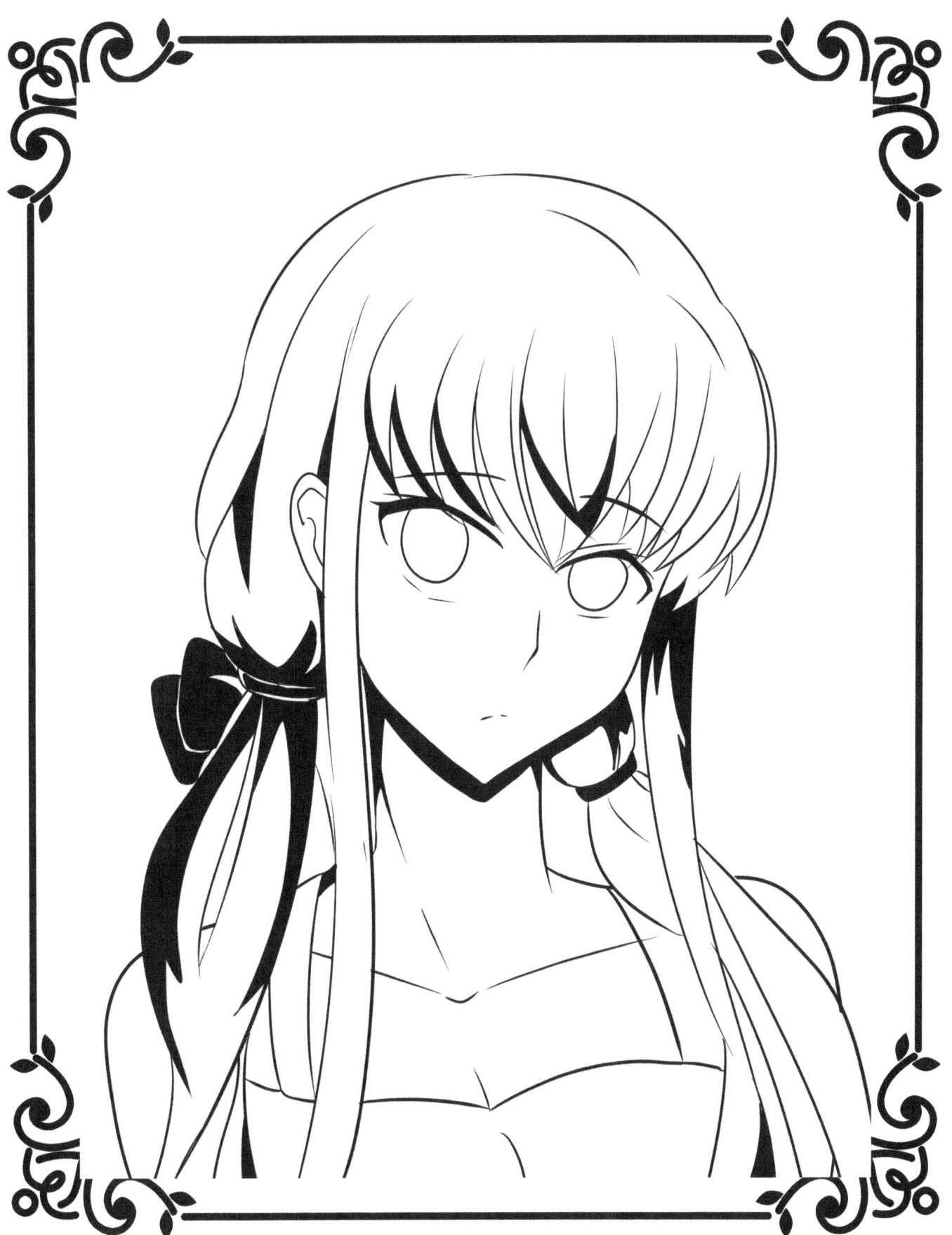